大是文化

教養としてのギリシャ・ローマ

# 真希望我20歲時修過這堂課

哥倫比亞大學博雅課。
才富和名望之前，你該有的準備



大學研究所、博雅教育研究者
教授
聰一──著
──譯

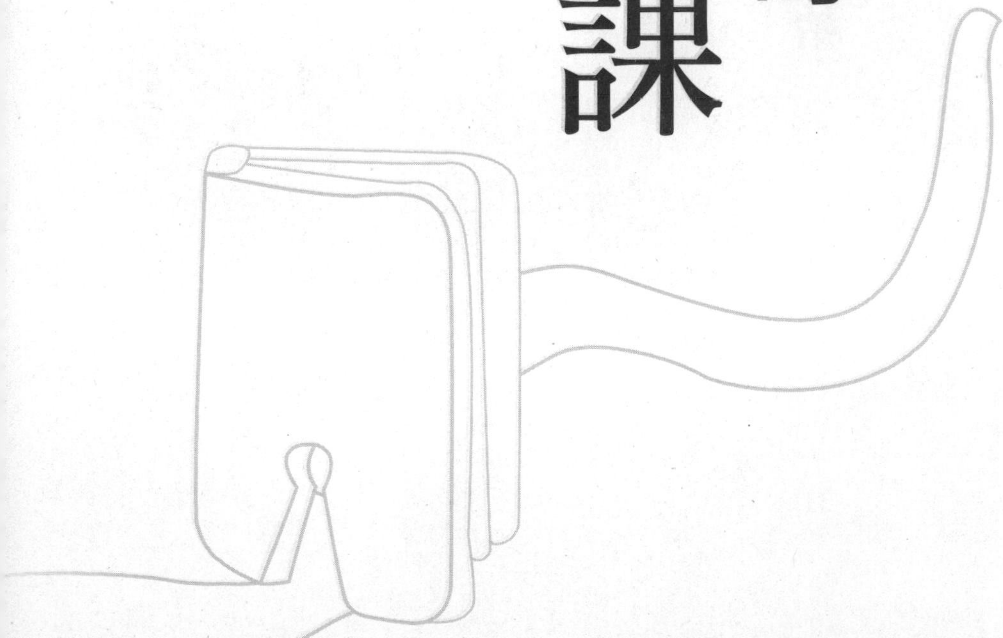

## 目錄

終章

## 哥倫比亞大學學生必修的核心課程 289

美國為了登上世界政治的中心，需要確立應有的立國理念與哲學，因此，陸軍便要求哥倫比亞大學開發士官的教育課程，這套課程便是美式博雅教育的起源。

## 後記 297

推薦序一

# 該是時候好好認識美國的博雅教育了

東海大學博雅書院書院長暨通識教育中心主任／王崇名

很榮幸，可以成為作者中村聰一教授的大作《真希望我20歲時修過這堂課》的首批中文讀者，並分享我的學習喜悅。「博雅教育就像籠罩著神祕的面紗一樣，各種臆測也讓事情更複雜。」閱讀到本書最後一段時，依循我在博雅教育的實踐經驗，特別有感觸，正因此言即是臺灣高等教育，對於美國博雅教育的無知以及各自臆測的寫照。我曾經讀過丹尼爾．貝爾（Daniel Bell）教授的《革新中的通識教育：哥倫比亞學院》，於是對於哥倫比亞大學的博雅教育，有了初步的認識，進而能夠領略本書的價值。

如果僅從「通識課程作為知識學習」的角度閱讀本書，必然會被哥倫比亞大學的核心課程所吸引；但若由博雅教育的視角細品，或許更能領會該校核心課程為何能作為美國博雅教育的骨幹。是什麼讓哥倫比亞大學堅持博雅教育，而非僅是由通識課程來學習知識？無非就是確信人類累積的文明智慧價值、虛心學習，進而能在巨變之時，看見未來的發展方向。

本書融入了歷史、哲學和倫理學的專業知識與生命體悟，但更難能可貴之處在於，本書作者滿懷對於人類文明價值的確信；這不是迂腐書生迷信人類文明的知識，而是作者在哥倫比亞大學所接受的博雅教育，與在教育現場的經驗相互輝映、交織而成的生命智慧。

若僅僅識得世界文明的知識，就好比只是在網路上觀看美食而不得其味，只是一般見解的通識教育。但如果將學得的知識與生命實踐相互體證，那就是博雅教育了。當我讀完本書後，深深體會到，唯有教授通識課程的老師，願意謙卑的向人類文明積累的生命智慧學習、有所體證，而能謙遜宣說之時，博雅教育才有可能在臺灣（高等）教育界萌芽、扎根。

如果你願意在閱讀本書序章後，繼續在作者的引領下，探索古希臘人在「物質貪婪」與「精神幸福」之間的戰爭，以及古希臘哲人對此所進行的哲學思辨，便可以慢慢領悟，哥倫比亞大學所堅持的博雅教育內涵。當然，若你還想進一步一路閱讀下去，走過羅馬帝國與中世紀，走入文藝復興，便能完全掌握以哥倫比亞大學為首之美國博雅教育的核心價值。

博雅教育是西方教育的最高境界，但弔詭的是，往往在人類欲望過於貪婪之時，方能彰顯它的價值。博雅教育的開展，離不開人類貪婪的鬥爭歷史，唯有願意與人性貪婪鬥爭之時，博雅教育才能登場並開散智慧。

推薦序二

# 用經典建立通識教育的尊嚴

臺北商業大學企管系暨通識教育中心副教授／陳閔翔

在西方知識的發展過程中，「蘇格拉底的審判」（The Trial of Socrates）是一個經典的法律事件。當雅典法庭以不信神的罪名控訴蘇格拉底時，蘇格拉底的陳述反映了他作為城邦公民的承諾，也展現了他充滿生命熱情的哲學氣質。蘇格拉底雖然沒有留下著作，但其行誼及理想主義，仍在柏拉圖的記載下流傳著；公民德行論則在柏拉圖的學生——亞里斯多德的實踐下發揚光大。古希臘三哲道盡並濃縮了歐美智識淵源與教育典範。

這是我們必須讀經典的理由，也是我強力推薦《真希望我20歲時修過這堂課》的重要原因——可作為認識通識教育真正價值的入門。書中第一章至第七章詳述了這條希臘主義的脈絡、歷史與轉折，呈現了博雅教育的古典格局。哥倫比亞大學的博雅教育歷史悠久，長達百年以上。哥倫比亞學院於一九一九年開辦「當代文明課程」，成為人文主義品牌，臺灣最常學習、引用的「核心（通識）課程」模式，就是哥倫比亞大學創設的。戰後，哈佛大學效法、晚近更精緻化成「幾大領域核心分類」模式。閱讀本書，不得不佩服哥倫比亞大學的高瞻遠矚。

在邁向人工智慧（AI）的時代，我認為通識教育的基礎，仍是經典閱讀課程。經典之所以為經典，其中一項特徵就是，它必定經過好幾個世代的討論、批判後，沉澱出諸多啟示或借鏡。經典閱讀的研究方法，是人類最古老的思想傳承，亦即讀者藉由文本，直接與作者對話，無論是《君王論》、《國富論》或《物種起源》（請見本書第八章），我們向經典學習、向大師學習，這過程同時孕育了博雅精神，涵養了真善美的態度，成就了現代公民的德性。最終，建立起尊敬通識教育的信仰，認同博雅教育對人類自身價值的基本重要性。這也是為什麼美國一流大學那麼重視博雅教育，我相信讀者可以從本書的序章，獲得若干線索與證據。

本書作者中村聰一現為日本甲南大學的教授，同樣與我們身處東亞社會，但他留學哥倫比亞大學的經歷，使得本書讀來沒有文化隔閡，本書的終章回顧美國霸權作為當前超級大國的教育根柢，亦相當值得參考。原書於二〇二一年出版，譯者李友君有豐富的日文書翻譯經驗，為我們提供了流暢的繁體中譯版本。值得一提的是，中村聰一以國際商務教學為主，又教授通識教育，與筆者這幾年的境遇相似。在資本主義社會中，充滿了關鍵績效指標

（KPI）及功績定輸贏的規則，學生學習成本效益分析，急功近利卻忘了社會責任。年輕學子在最精華的大學時光，該如何濡染全人素養、利他主義或公益精神？該如何通古鑑今、融貫東西方知識？我想本書是最佳的入門，就從探索人類經典開始吧！

誠如我在《博雅教育新取向》一書中所歸納的：「通識教育是大學教育的核心！未來的人才是一種全球人才！大學要培育的是未來公民！」（按：《博雅教育新取向》，〈導讀：新共學時代的博雅知識、素養與未來〉，第二十四頁至第二十六頁，陳閔翔編著，二〇二〇年，巨流圖書公司出版。）如果你也想深入了解西方文化精髓，讓自己在高度變動的全球化與反全球化辯證世界中，掌握人類的永恆與不變，《真希望我20歲時修過這堂課》是你打開世界櫥窗的思想鑰匙，這本哲學通識讀本能夠充實並增廣你的史識視野。

序章

# 博雅教育，
# 知識分子的基礎課

在菁英大學，博雅教育被定位為大學教育的根柢。
它作為專攻特定學問領域的前提，
也是每個大學生都該學習的核心。

首先描繪全貌，再配合全貌探究細節，融會貫通後就判斷為「道理」。我在美國哥倫比亞大學求學時，校內的這種思考方式就自然而然的浸透我心。所以即使在平常溝通時也一樣，遇到覺得「不合理」（"It doesn't make sense!"）的事，不管別人再怎麼施壓，我也不會贊同。反之，要是讓人心服口服，事情推動起來就會意外的順利。某種意義上來說，就是要求每個人行事都要合乎道理。

不知這是否是歐美人士與生俱來的特質，還是一直以來接受的教育所致。總而言之，大學系統也是建立在這樣的文化土壤上，一直發展至今。就我所知，首先會明確定義大學整體應有的樣貌，各所大學再提出各自的方針，以此為基礎設計課程的細節，甚至連課程綱要的內容都要經過縝密計算。大學就是保持這種絕妙的均衡而經營至今。

尤其在課程方面，更是和日本截然不同。美國有許多大學和日本不同，不會在入學時就區分主修的學院，而是要滿足升上三年級的條件（學分數及GPA，按：GPA為計點平均成績〔Grade Point Average〕，指將各科評級換算成積點，再按各科所占學分比例加權計算），才可以申請想要專修的學問領域（主修）。範圍雖因大學而異，但應該遠比實施主修學院制的日本大學還要廣泛。

宛如象徵著這種思維一樣，理組和文組的區別也不像日本那麼明確。既有人在主修物理學的同時又學習文學和音樂，也能在主修經濟學的同時輔修數學。假如是更有幹勁的學生，還可以同時專攻不同領域的學問。

## 先學習博雅教育，才能進階到「主修」

不過，幾乎所有課程都有修課條件。每個課程會制訂先修科目（Pre-requisite），必須先通過這些科目才可以選修。

這項規則也會化為制度。針對大學一年級的課程代碼會標記為「一╳╳╳」，針對二年級的會標記為「二╳╳╳」，針對後面三、四年級的專攻科目就標記為「三╳╳╳」、「四╳╳╳」等。而研究所的課程，則會變成「六╳╳╳」或「八╳╳╳」。而且還規定修課要循序漸進，比方說如果沒上過「一╳╳╳」的課程，就不能上「二╳╳╳」，沒上過「二╳╳╳」，就無法獲得「三╳╳╳」的聽課資格。課程設計上形成極為明確的金字塔結構。

藉此，學生就可以知道自己掌握的知識程度，而授課者也能了解學生的程度，避免預備知識不足的學生混進專業程度高的課程。當然，每個課程的內容，也是以這個制度為前提來制定。從結果來看，授課的品質就容易維持在一定的水準之上。

而「博雅教育」便形成了這種金字塔型課程的基礎。以前述的例子來說，就是「一╳╳╳」或「二╳╳╳」的課程，除非學生學習博雅教育，否則就不能進階到主修。

## 希臘主義，拯救了歐洲的黑暗時代

為什麼最高學府的大學，會這麼重視博雅教育？

主因之一在於歐美的大學起源。在十二世紀、十字軍東征的時代，就將古希臘學問的文獻，從阿拉伯地區大量帶進據點義大利。為擔任翻譯工作而發起的知識階級行業公會，據說就是今日大學的前身。不久後，歐洲各地便設立這樣的公會。

古希臘學問的領域涉及許多方面，包括自然哲學（譯註：Natural Philosophy，解釋自然科學現象的形而上學，尤其是物理學）、天文學、修辭學、邏輯學、數學、幾何學、哲學、建築、造船及藝術領域等。這些被稱為「希臘主義」（Hellenism）的文化與思想，是博雅教育的起源，藉由重新發現古典學問而掀起的一大運動，就是俗稱的「文藝復興」（Renaissance）。

在此之前，歐洲在幾個世紀以來不斷遭到破壞和掠奪，百廢待興，甚至史稱為「黑暗時代」。從困境中復甦，將柏拉圖（Plato）、亞里斯多德（Aristotle）等希臘主義的思想納入基督教的神學哲學中，就是文藝復興的意義。

大學扮演旗手的角色，以結果來說，讓歐洲脫離黑暗時代，誕生出位居現在歐洲世界核心的價值體系。換句話說，博雅教育正是歐美大學的出發點、復興的救世主。

爾後，隨著大航海時代發現新大陸，世界從地中海中心演變成大西洋和太平洋兩大洋的時代，不久後美國就躍居為世界的領袖。美國開發出來的教育方案就是「博雅教育」。就如歐洲社會藉由重新發現「希臘主義」熬過黑暗時代，建立現在的繁榮一樣，博雅教育的目標也是讓每個學生明白知識的強大。

尤其是**在菁英大學，更是把博雅教育定位為大學教育的根柢。作為專攻特定學問領域的前提，將博雅教育視為每個大學生都該學習的核心（Core）**。

說到日本的古典和歷史教育，現在給人的印象或許大都是背誦科目。然而，美國博雅教育的宗旨，並不是解讀用希臘文和拉丁文記載的古籍原文，更非逐字逐句背誦。雖然在過去某些時代中，博雅教育給人的印象大都是背誦科目，卻也是距今一百年以上的往事了。

那麼，生活在現代的我們，為什麼需要學習博雅教育？閱讀遠在西元前撰寫的古籍，有什麼意義？答案大致可歸納為「了解」五件事。第一件事是了解前人的思考，並和自己的思考相互重疊。

## 了解前人的思考

文明的出發點在於古典學問。然而，每個時代的人們並不只是單純享受學問，而是花費龐大的時間、歷經科學的「篩檢」並發展，進而建立今日的文明。

而回顧這段歷程，也是重新體驗我們祖先的思維。生活在各個時代的人懷抱著什麼樣的問題意識，繞著什麼想法打轉？日積月累之下，就成了生活在今日的我們，自身的問題意識和思考的憑據。

比如遠古的人看見夜空時，都想些什麼？閃爍在漆黑暗夜中的無數「光點」，映在他們的眼裡是什麼模樣？「星星」的概念是由誰、怎麼發想出來的？夜空的星座如何成為海上航線的指引？還有，是什麼樣的跳躍思考，以至於想到地球是繞行太陽的行星之一？這一切的思考累積到最後，讓今日的我們終於成功飛向太空。

不只是天文學，我們周遭也有無數文明帶來的恩澤。雖然不去意識就不會發現，但這一切其實是歷經漫長的歲月和勞力所累積而成。只要以這個觀點重新環顧周圍，想必就會對身邊各種事物產生興趣了，或許還能以不同於以往的方式發想出新意。博雅教育真正的目的，就是建立這種知性活動的基礎。

## 了解學習的價值

第二，是了解「學習」指的是什麼。

哲學家柏拉圖曾借蘇格拉底（Socrates）之口，有以下的陳述：

「所謂的教育，並不像某些人向世界宣揚、主張的那樣，他們宣稱靈魂之中不存在知識，必須自己把知識灌注進去。」（譯註：古希臘哲學的「靈魂」近似於現代概念的「心靈」，直譯或意譯者皆有。）

「但是依照我們現在的討論所顯示的，每個人的靈魂之中，早就具備（知曉真理）的能力，以及藉此能力學習知識的器官，而每個人用以學習的器官，就像眼睛的視線從黑暗轉向光明，如果整個身體不一起轉動、改變方向，眼睛是無法轉向的。必須和整個靈魂一起從假象所生成流轉的世界跳脫、引導前行，直到能夠看見實體，以及實體之中最光亮的存在。」

「所謂的教育，正是當我們思考如何最容易、最有效果的讓學習事物的器官轉向時，所運用的技巧。」（柏拉圖《理想國》〔*Republic*〕）

教育並非賦予視力，而是改變視野。那麼，「改變方向」最有效的技巧是什麼？歐洲和美國有從歷史中追求這個答案的傳統。因為他們自負的認為，能夠單憑自己的「智識」建設國家，克服無數的困難，有一天會超越古代文明，引領世界的發展。

**學習歷史**，並非單純只是把它當作知識、塞進腦袋裡。籠統的說，**就是透過歷史建立世**

**界觀**。尤其如果是在年輕時就具備這樣的觀點，當自己成為社會的中堅時，它就會成為判斷時的基本方針，**判斷該往什麼方向前進，判斷什麼是對、什麼是錯**。

美國將這種觀點作為教育方案改良之後，就結出「博雅教育」這個果實。本書能介紹的只有根基的部分，以歐洲的起源到近現代為止的歷史洪流為縱軸，再以蘇格拉底、柏拉圖、亞里斯多德，到馬克思（Karl Marx）和達爾文（Charles Darwin）的哲學和思想為橫軸。相信讀者可以體驗到結構扎實的世界觀。

另外，本書將會在終章介紹關於美國大學引進博雅教育，並使其更為洗練的經過。

## 了解自由獨立的精神

第三，是了解人類最重要的「自由獨立精神」。

現在的歐洲的確先進國家林立，但其起源愛琴文明（克里特文明、邁錫尼文明）興起於西元前二〇〇〇年左右，遠比一般所謂的世界四大文明還要晚。而且從一開始，中堅分子就不是克里特島等地的原住民，而是從現在的黎巴嫩和敘利亞一帶，前來殖民的海洋民族腓尼基人。他們從無到有興建都市，建立文明。

當然，他們不可能沒頭沒腦的就航向地中海。開拓新天地，少不了正確的大局觀和縝密的計畫。他們想必擁有建國意識，整合全體設計和細部的同時，不斷從嘗試和犯錯中學習。

不過，從頭發展出希臘文明的經過，絕非只有「美談」，反倒是重複上演民族間的戰爭和內亂。第一章將會詳細描述這個部分，當時的吟遊詩人把世局的狀況混雜了神話，化為故事傳唱下去，其集大成的作品就是荷馬（Homer）的《伊里亞德》（*Iliad*）和《奧德賽》（*Odyssey*）。

另外一般認為，古代為了結束戰亂的日子，謀求民族間的協調，於是就舉辦了奧運會。第一屆是在西元前七七六年舉辦，爾後每四年舉辦一次，延續大約一千兩百年，直到羅馬帝國即將分裂為東西兩方為止。奧林匹克暨帕拉林匹克運動會，今日仍被形容為「和平的祭典」，不過是從當初開始，就帶有這樣的特性。

以奧運會為分界，希臘人就分散到地中海各處，建設殖民城邦。這股欲望極為旺盛，後來柏拉圖甚至形容為「宛如青蛙在地中海這片池塘中生殖」。就這樣，地中海世界這片未開化之地，便逐漸開拓起來。

說到歐洲的冒險史，十五世紀到十七世紀左右的大航海時代就十分知名。世界藉此機會成為名副其實的「全球」，還決定了歐洲在世界上的優勢。然而早在不只兩千年之前，他們的祖先就曾是先驅者。

無論如何，我們從當時的腓尼基人和希臘人身上學到不少，他們憑自己的雙手建立國家和文明。或許有讀者認為，他們的思考體系與價值體系和我們無關。然而，就算時代和環境不同，這段過程也充滿了有用的啟示。

首先是頑強的開拓者精神。追求更豐盛而自由的生活，邁向未知的世界，所到之處不依靠任何人、建設新都市，我認為這股上進心特別值得年輕的讀者學習。而過程中也有許多失敗與悲劇。雖然同樣身而為人的我們，對某些部分也會有所共鳴，但也不能忘了引以為戒。

## 了解哲學和倫理學

第四，是了解何謂哲學和倫理學。這些學問乍看之下似乎難以捉摸，但說穿了就是思考「該怎麼做才會活得更美好」、「該建立怎麼樣的社會才能幸福」。

哲學和倫理學的鼻祖自不待言，就是蘇格拉底、柏拉圖、亞里斯多德三哲。在接觸他們的思想之前，要先知道他們為什麼會這樣想。說穿了，就是因為當時希臘的環境無法讓人活得更美好，社會無法讓人得到幸福。

具體來說，就是歷經了兩次大戰。第一場大戰是在西元前五世紀、歷經幾十年的「波希戰爭」。希臘陣營以突飛猛進的開發中國家之姿，在地中海西側擴展勢力，並承受亞洲強大的已開發國家——波斯帝國的侵略，團結一致與敵軍對峙。

結果，希臘方雖然付出龐大的犧牲，卻擊退波斯帝國，堪稱象徵希臘走向繁榮的事件。歷史學家希羅多德（Herodotus）的著作《歷史》（*Histories*）描寫了這段始末，本書將會在第二章詳細介紹。

然而不久後，同時自認是希臘盟主的城邦雅典和斯巴達，為了整個希臘的霸權而對立，演變成宛如陷入泥沼般難以脫身的內戰，這就是第二場「伯羅奔尼撒戰爭」。

這場戰爭是激烈的消耗戰，雖然最終雅典滅亡了，斯巴達獲勝，但之後的希臘就陷入疲弊、迷失方向。歷史學家修昔底德（Thucydides）的著作《伯羅奔尼撒戰爭史》（*History of the Peloponnesian War*）將這段經過一五一十寫了出來，關於該書將會在第三章描述。

這兩起戰爭有個共通的主題，那就是「民主政治」的政治型態。雅典是確立民主政治的城邦（City state，或譯作都市國家），「波希戰爭」也可說是邦民發動了獨立心和公益心而喚來勝利。然而，在伯羅奔尼撒戰爭開始後，領袖也已輪替，民主政治逐漸陷入眾愚政治。

時至現代，也不能說民主政治就必定優秀，正因卓越的領導能力存在才擁有價值。距今兩千五百年前的戰爭悲劇，就是在告訴我們這一點。

繼承這項問題意識的是蘇格拉底、柏拉圖和亞里斯多德。蘇格拉底沒有留下任何一本著作，他的弟子柏拉圖則在著作當中，讓蘇格拉底以主角的身分登場，講述其思想。他們的主張有直接對立的部分，然而就「個人」和「國家」的關係，以及關於雙方幸福的論述上則有共通之處。正因生活在逐漸沒落的社會，才要藉由個人的觀念、行動規範和國家體制的型態，持續摸索邁向復興的道路。這後來就稱為「哲學」或「倫理學」。

第四章到第六章將會詳細介紹他們的著作。相信各位會發現，誕生和發展於西洋文明中的近代政治哲學，就是源自他們。令人驚訝的是，早在約兩千五百年前，就已經直接面對我們現今遇到的課題，並深入的思索、探察。

他們另一個共通的主張，是正規教育的重要。先前提到蘇格拉底和柏拉圖的部分，亞里斯多德的「倫理學」，亦可稱為「靈魂的教育」，提倡要重視每日的習慣養成。這種教育為後世的基督教採納，當作西方社會構成「傑出」和「尊嚴」所需的要素傳承下來，形成中世紀歐洲的騎士精神和近代英國的紳士風度。

尤其是培養領袖的高等教育，更是必須知道他們的思想經由什麼途徑傳承到現代。

## 了解文藝復興的意義

第五，則是了解「文藝復興」以後的知識關係。

博雅教育和文藝復興的關係深厚。文藝復興的意義在於重新學習「希臘主義」，到了現代，博雅教育則要連同後世文獻再次重新學習。

原本希臘主義，就是透過馬其頓的亞歷山大大帝東征而完成。這位帝王的家庭教師便是亞里斯多德。疆域最大版圖從希臘開始，擴及波斯帝國、遠達與印度接壤的國境附近，還有埃及。於是希臘的睿智和東方的文明結為一體，產生希臘主義——意思是「希臘化文化」。與此同時，也意味著誕生了君臨整個地中海世界的「全球」思想價值體系。

不久，希臘主義就由下一個地中海世界的霸者羅馬帝國繼承。然而，隨著基督教成為國教，希臘主義被邊緣化，再加上當時被稱為蠻族的日耳曼人侵略以及掠奪，導致帝國本身衰弱，西歐進入破壞和混亂的時代。同時，足以稱為文明之證的希臘主義文物也煙消雲散。

不過，希臘主義並未從地球上消失。成為伊斯蘭圈的亞洲地區繼承這項傳統，為該地帶來繁榮。如先前所述，希臘主義以十字軍東征為契機回歸歐洲故里，成為文藝復興的起點。

幾乎在同一時期，歐洲陸續迎來歷史性的大變革。一個是大航海時代的揭幕，藉由航向非洲、亞洲、南北美洲大陸，確立掠奪世界財富的系統。

另一個則是宗教改革。基督教羅馬天主教會維繫中世紀歐洲社會，以絕對的權威和財力為靠山，擁有凌駕於封建社會俗世領主的政治力量。他們也主導了文藝復興。然而，其後以馬丁・路德（Martin Luther）為首的新教勢力抬頭，教會內部分裂，演變成宗教戰爭。歐洲各地不斷陷入悽慘的戰事，長達一世紀以上。

歐洲社會藉由這三大變革，脫離中世紀進入近世，同時科學和各種學問開始發芽。十八世紀後半英國展開工業革命，啟蒙思想流行，也成為後來法國大革命和美國獨立宣言的思想支柱。

這種重視人類理性和知性的思維，在當時極為先進，但其實也是回歸古希臘三哲的教誨。或許可以說，是時代終於趕上他們了。

接著，各個時代的象徵性學者和政治人物，留下許多分析社會或是影響社會的著作。雖然是憑每個人的立場與觀點所寫出的作品，但可以感受到以三哲為源流的知識體系。本書的第八章中會擷取特別具代表性的著作一一介紹，同時追溯文藝復興之後到近代為止的歷史。

## 博雅教育，是為了訓練人類應有的修養

就如目前為止所言，人類歷經漫長的歲月，獲得各式各樣的智慧、知識和技術。博雅教育就是在學習人類智慧結晶的架構。

最近在日本，也經常闡述博雅教育的必要性，但對於大多數人來說，或許還沒掌握其具體的意義。其實，廣義來說可以做各種解釋，學問和思想領域也沒有特別限制。比如以一般素養而言，學習西洋的美術史、思想史和音樂史等範疇，也可說是博雅教育的一種。

不過本書只會依照哥倫比亞大學的核心課程，介紹博雅教育。這是橫跨百年以上不斷進步，才定調為今日居世界之冠的美式博雅教育。想必今後也會持續進步，但現階段來說，它則是被評為比其他國家和大學來得突出而優秀。

**博雅教育的類型有哲學、宗教、藝術和科學四個領域，傳授的不是專業技術，而是涵蓋包括歷史在內的由來與思想。**世界上沒有那麼多大學坐擁質量兼備的教師，可以傳授這方面的學問，而這就是哥倫比亞大學的優勢。換句話說，懂得博雅教育精髓的人，在世界上也只限極少數。

這些課程所展現的與其說是一般素養，倒不如說是人類應有修養的訓練。比如運動，假如是當作興趣玩玩也就罷了，但如果是以一流選手為目標，就少不了嚴格的訓練。人類本身也一樣，不經過訓練，就不會成為一流。

因此，這門課程的定位不是為了獲得特定的「知識」，更無意傳授「實際生活中有用的技能」。它不是功利的交換價值，而是為了成為更上一層的人，所要做的試煉和修行。

所有學生不管主修什麼，最初的兩年都要閱讀兩千多年分的龐大古籍。而且不是註釋書，而是翻譯的原文，簡直像是修行般的苦難之路。哥倫比亞大學的課程綱要對於這樣做的意義陳述如下：「Although most of our Lit Hum works (and the cultures they represent) are remote from us, we nonetheless learn something about ourselves in struggling to appreciate and understand them.」（雖然我們大多數的文學人文作品（以及它們所代表的文化）離我們很遙遠，但當我們努力欣賞並了解這些作品時，我們也能更認識自己。）

換句話說，明知這些古老的書籍距離我們相當遙遠，還是要辛苦閱讀，**了解我們的祖先在什麼樣的時代、如何生活，思考什麼，厭惡什麼，重視什麼，這段過程是很重要的。**

## 博雅教育的十一大核心問題

哥倫比亞大學的課程從古希臘的歷史出發，都記載在荷馬的《史詩》、希羅多德的《歷史》和修昔底德的《伯羅奔尼撒戰爭史》當中。接著要學習以柏拉圖和亞里斯多德的哲學為首，在古希臘開花結果的文明和文化，以及與東方文明結合而生的「希臘主義」。其後要閱讀之後每個時代的著作，包含從羅馬帝國和猶太教（《希伯來聖經》）衍生的羅馬天主教（《新約聖經》）時代、誕生於亞洲的伊斯蘭教（《古蘭經》）、中世紀文藝復興時代、宗教革命的時代、科學的誕生，近代政治哲學和革命思想的抬頭。

然而，本書實在無法涵蓋全貌，所以會鎖定在四個領域中的「哲學」。即使如此，內容還是很龐大，因此只會介紹特別具有代表性的著作。首先，本書的前半會從古希臘的黎明期介紹到「希臘主義」的誕生，後半則會從羅馬帝國的時代到十九世紀，探究這對人類歷史造成什麼樣的影響。這些都是博雅教育的一部分，應該可以充分學習到精髓。

順帶一提，哥倫比亞大學的博雅教育教師，經常會詢問學生十一大核心問題（Core Questions）（編按：請參照第三十頁）。也希望各位讀者務必問問自己。或許現階段連問題的內容都還難以理解，不過各位讀完本書之後，相信一定會找到某些答案，這也代表心靈更向上提升了。

## 11大核心問題

- How do the power and agency of human beings differ?
（階級和社經差距究竟是什麼？為什麼存在？）
- Why are some people (e.g., women, servants) denied agency?
（自由人是什麼，非自由人是什麼〔例：女性、傭人和奴隸〕？）
- How do the interests of the individual conflict with those of the family or community?
（何謂家計經營和公共政治？特質會因共同體的種類而改變嗎？）
- What role does story-telling and word manipulation play in life?
（軼事和修辭具備的力量為何？如何在歷史中發揮作用？）
- Do stories get at the truth?
（敘事能夠探知真實嗎？「知識」和「思索」是什麼？）
- Is there a natural way of being human or is human nature constructed?
（「人」是先天形成或應該是由後天建構？）
- How is gender constructed?
（性別造成的差異是什麼？到什麼程度算是先天，從哪裡開始算是由後天建構？）
- What are righteousness and virtue?
（正確、公正、擁有美德，這些究竟是什麼？有必要嗎？還是會成為妨礙？有幫助嗎？還是沒有幫助？）
- Is there any good that comes from suffering in life?
（對抗辛苦和困難，直接面對失敗。這些會為人生帶來善嗎？）
- Is there a truth and, if so, what is necessary to find it?
（真實和真正的存在是什麼？肉眼看不見、又不明確的事物，能夠憑理性的力量觀察到嗎？）
- Do we find it through emotions or reason, community or conflict?
（所謂的真實，是可以感受的嗎？還是要藉由理性來認識？它存在於合作和友愛中嗎？還是是紛爭與不和？）

## 第一章

# 學問，從古希臘的字母和邏輯開始

希臘字母的發明，促使吟詩文化過渡到文字文化，
有了文字，人們開始著述，為了著述，便開始重視邏輯。

就如前一章所讀到的，文藝復興是「學習古希臘的希臘主義」。羅馬天主教在這基礎之上，發展出現在的西歐。

尤其是在西洋哲學的領域中，確立鼻祖和根基地位的，就是生活在古希臘的柏拉圖和其弟子亞里斯多德。師徒倆留下《理想國》、《尼各馬可倫理學》（*Nicomachean Ethics*）、《政治學》（*Politics*）及其他多部著作，這些古籍亦可稱為「博雅教育」的源流。

在接觸這些內容之前，重要的是了解當時的時代背景，知道他們是以什麼樣的心態撰寫這些經典。因此本章會概述希臘這個國家的建國史、文明的興盛和衰退、希臘人的性格，以及歐洲和亞洲對立的起源。

## 古希臘歷史經由吟遊詩人不斷傳唱

由於這是距今三千年以上的故事，所以有很多不明之處。然而在某種程度上可以知道，生活在不同時代的吟遊詩人，多半會將歷史事件改編成「史詩」形式的故事，再以口傳的方式流傳到後世。荷馬是繼承這種做法的佼佼者，他將世界史上歐洲和亞洲之爭的源頭「特洛伊戰爭」，匯集成《伊里亞德》和《奧德賽》等壯闊的史詩。

換句話說，原本希臘就有重視自由和意氣（*thymos*）的風氣，具備愛好詩歌和故事的土壞，從中產生優秀的作品、留存在人類史中，讓我們得以藉此了解當時的樣貌。我們在感謝之餘，也要謹記這一點。

## 日復一日互相爭奪豐饒的土地

西元前三〇〇〇年到西元前二〇〇〇年左右，一般所稱的四大文明正值繁榮昌盛，而以希臘為首的歐洲則是未開發之地，統一的國家並不存在，本土和周邊的島嶼住著各式各樣的民族。

雖然眾人過著群體生活，卻居無定所，每當受到更強大的群體壓迫，就會毫不留戀的拋下居住的土地，遷徙到其他的土地上。他們原本就沒有累積財富，只能確保生活起居所需的土地和糧食，所以便很容易遷移。也因此無法建立強大的都市，更沒有交易。

尤其是希臘中部的色薩利（Thessaly）、南部的伯羅奔尼撒半島（Peloponnese）等地，這些區域今日也以肥沃穀倉地帶而聞名，當時居民更是頻繁更迭。原因很明顯，豐饒的土地會產生剩餘，居民為了這份富足引發爭鬥，整個地區就遭到毀滅性的打擊。其他地區的部族便乘機計畫陰謀、圖謀侵犯，原本的居民就被趕出該地。這樣的攻防戰上演了不知多少回。

另一方面，愛琴海一帶有許多小島，島上各有居民，卻幾乎都是海盜。他們不斷襲擊和掠奪內陸村落，獲取糧食以維繫生活。內陸的居民害怕這些人，便盡可能將房屋蓋在高處，時時攜帶刀械以求保身。海盜的襲擊就是那麼頻繁而殘酷。

最後在這些海洋居民中，南方大島克里特（Crete）的米諾斯國王（Minos）在歷史舞臺上登場。

## 「歐洲」名稱的起源，來自克里特島的公主

從西元前二〇〇〇年左右，希臘開始出現在世界歷史上。一般認為，其發祥地便是克里特島。

腓尼基（Phoenicia）地區，意指現在黎巴嫩的地中海沿岸區。根據傳說，該地的都市推羅（Tyros）有位公主名叫歐羅巴（Europa）。萬能的天神宙斯（Zeus）對她一見傾心，所以就變成公牛的模樣，將她帶到克里特島。所以從腓尼基看過去的西側一帶，就以她的名字稱為「歐洲」。換句話說，希臘之始也就是歐洲之始。

宙斯和歐羅巴生下的孩子就是米諾斯國王。他組建強大的海軍後，就陸續壓制地中海各島嶼並殖民。於是海上交通繁榮，貿易變得踴躍，逐漸累積了龐大的財富。富者越富，與窮人的差距拉大，結果產生前者統治後者的結構。

截至西元前一五〇〇年左右為止，這美妙的文明以富饒為後盾欣欣向榮，後人便以米諾斯國王之名，將其稱為「米諾斯文明」。其象徵就是建於克里特島上、雄偉的克諾索斯宮殿（Knossos）。這座宮殿是米諾斯國王的據點，內部裝潢繪有溼壁畫（編按：在鋪上灰泥的牆壁及天花板上繪製的畫作），還有樣式繁複的儲藏庫等，奢華至極。另一方面，宮殿沒有城牆以防禦來自敵人的攻擊，由此可以窺見當時富裕而和平的生活方式。

米諾斯文明影響了地中海周圍各地。從希臘本土及位於其東南方的基克拉澤斯群島（Cyclades）、再往東南方接近現在土耳其的十二群島（Dodecanese）、還有賽普勒斯島（Cyprus）、敘利亞、巴勒斯坦到埃及，都留下了該文明的痕跡。這些地區甚至還建造了模仿克諾索斯宮殿的別墅。

爾後，位在伯羅奔尼撒半島北部阿爾戈利斯地區（Argolis）的邁錫尼（Mycenae）就興起新文明，奪走米諾斯文明的霸權，這就是「邁錫尼文明」。亞該亞人（Achaeans）是希臘人的主要部族之一，當初就和米諾斯文明一樣，藉由地中海貿易累積財富，將勢力擴大到希臘本土的雅典周圍。另外，還透過與克里特島交流，輸入藝術等概念，最後終於進攻克里特島，消滅米諾斯文明。

象徵邁錫尼文明的人物是忒修斯（Theseus）。忒修斯屬於軍隊中的英雄領袖，亦有一說認為他是建設雅典的人物。與米諾斯文明的女王歐羅巴呈鮮明對比，兩者的差異也反映在建築物上。

米諾斯文明屬於女性化的優美，邁錫尼文明則給人男性化、粗壯的印象，尤其是圍繞建築物的巨石城牆更具特色。因為邁錫尼文明和米諾斯文明不同，時常暴露在外敵的威脅下。

那麼，從米諾斯文明到邁錫尼文明，上演了什麼樣的更迭？具體的事實還不清楚，然而希臘人喜歡將這種歷史的經過改編成詩歌和故事欣賞。幸虧作品流傳至今，我們才可以大概了解古代發生過什麼。

怪物「米諾陶洛斯」（Minotaur）的故事傳達了這段文明更迭的歷程，以下就為各位介紹其概要。

## 「愛琴海」之名，源自一位愛子的父親

米諾斯繼承王位之後，祈求海神波塞頓（Poseidon）賜與公牛以作為憑證。波塞頓答應米諾斯的請求，但條件是該頭公牛要被當成祭品獻祭。

然而，贈送給米諾斯國王的公牛實在太美麗了，令他捨不得殺掉，於是就以別的牛作為祭品。波塞頓一怒之下，就讓王妃帕西菲（Pasiphae）對公牛心懷戀慕，以示報復。無法克制感情的帕西菲，與知名建築師兼工匠代達羅斯（Daedalus）商量，打造出木製的空心母牛。

## 圖表1-1 從克里特文明到建立希臘化世界為止的主要事件

| 年 | 希臘體制 | 事件 |
|---|---|---|
| 西元前 1600 年左右 | （和平的海洋文明） | 米諾斯文明（克里特文明）繁榮。 |
| 西元前 1400 年左右 | （戰鬥文明） | 邁錫尼文明繁榮。 |
| 西元前 1250 年左右 | 君主制 | 特洛伊戰爭（※ 發生時期說法不一）。 |
| 西元前 750 年左右 | 貴族制 | 開始形成城邦（都市國家）。<br>希臘人的殖民活動盛行。 |
| 西元前 620 年左右 | | 制定德拉古（Draco）法典。 |
| 西元前 594 年 | 勛閥政治 | 梭倫（Solon）的改革。<br>（依照財產將公民分為四等） |
| 西元前 560 年左右 | 僭主制 | 庇西特拉圖（Peisistratos）的僭主制開始。 |
| 西元前 508 年 | 民主制 | 克里斯提尼（Cleisthenes）的改革。<br>（建立陶片放逐制） |
| 西元前 500 年 | | 波希戰爭開始。<br>（～截至西元前 449 年為止，三次遠征希臘） |
| 西元前 479 年左右 | | 建立提洛（Delos）同盟。<br>（雅典成為霸主） |
| 西元前 443 年 | | 伯里克里斯（Pericles）成為雅典的領導者。<br>（史稱伯里克里斯時代，雅典全盛期） |
| 西元前 431 年 | 眾愚政治 | 伯羅奔尼撒戰爭開始（到西元前 404 年為止）。<br>（雅典敗給斯巴達） |
| 西元前 371 年 | | 城邦底比斯獲得希臘霸權。<br>（邁向城邦之間反覆爭鬥的混亂時代） |
| 西元前 338 年 | | 喀羅尼亞戰役。<br>（馬其頓戰勝雅典底比斯聯軍） |
| 西元前 336 年 | | 亞歷山大大帝成為馬其頓國王。 |
| 西元前 334 年 | | 亞歷山大大帝展開大遠征。<br>（擊破波斯、建立大帝國的基礎） |
| 西元前 323 年 | | 亞歷山大大帝逝世（32 歲）。<br>（古希臘文明和古東方文明融合後產生希臘化文化） |

自己再藏於其中接近公牛，與之交合。

接著，帕西菲懷孕生下的孩子卻是人身牛頭的怪物，也就是米諾陶洛斯。米諾斯國王眼看米諾陶洛斯隨著成長而日益凶暴，就令代達羅斯建造迷宮（Labyrinth），將他關在裡面，並且每九年一次奉上童男、童女各七人，作為食糧。

當時雅典地區處於米諾斯國王的勢力下，被迫要進貢共計十四個人。忒修斯原本就是建設雅典的英雄，他一怒之下，連父王愛琴士（Aegeus）的制止都不聽，就自願擔任十四人中的一人，闖入克里特島。當然，這是為了假裝成祭品，接近並消滅米諾陶洛斯。

這時，運送十四人的船為表雅典人的悲傷和不安而揚起黑帆。忒修斯承諾，要是自己成功消滅米諾陶洛斯，屆時就會改揚白帆歸來。

幽禁米諾陶洛斯的迷宮是由代達羅斯親手打造的，不可能逃脫出去。然而，闖進迷宮的忒修斯有個有力的幫手，就是米諾斯國王的女兒亞莉阿德妮（Ariadne）。她愛上忒修斯，悄悄給了他紅色麻線團和短劍。忒修斯就將麻線頭綁在入口的門上，一邊鬆開線團、以便找到來時路，一邊走進迷宮深處。不久，他就遇到了米諾陶洛斯，用短劍漂亮的擊殺對方。忒修斯承諾要和亞莉阿德妮結婚，他們雙雙擺脫米諾斯國王的追兵，成功逃出克里特島。

然而，最後等著忒修斯的卻是悲劇，他忘了將帆換成白色的約定，仍舊揚著黑帆歸來。父王愛琴士見狀，誤以為忒修斯遭到米諾陶洛斯殺害，於是在過於絕望下投海身亡。後來這片海就以愛琴士的名字，被命名為「愛琴海」。

## 古文明時代也有文字，但主要是用來記帳

以上的故事，其實並未以書面的形式記錄下來。在米諾斯文明和邁錫尼文明的時代，文字尚未廣泛普及。眾人是以口傳的方式，讓這則故事流傳到後世，由此可知他們是多麼熱愛故事。

不過，文字本身倒是存在的。從大約西元前十八世紀到西元前十五世紀左右的克里特文明時代，使用的文字稱為「線形文字A」（Linear A），從西元前十六世紀到西元前十三世紀左右的邁錫尼文明時代，則稱為「線形文字B」（Linear B）。

兩者被發現時，皆是以刻在黏土板上的形式。「線形文字A」僅限於克里特島及其周圍的島嶼，數量也少，無法解讀。反觀「線形文字B」，則在克里特島和希臘本土各地大量發現，進入二十世紀後，便非常快速的進行解讀作業。

這種文字屬於從左寫到右的「表意文字」，主要由繪畫般的符號、數字和單位符號組成，稱為「邁錫尼希臘語」（Mycenaean Greek）。當時該文明的統治機構不像埃及和美索不達米亞那麼完備，卻有讓人民繳納農作物和家畜等物的系統，這些會以文字記錄下來。主要內

容為寫有人名和職業的帳簿及物品目錄等——對當時的經濟來說，必須記錄重要的資產。

但是在此之後，橫跨幾百年的文字文化就斷絕了。

## 特洛伊戰爭不只是爭王妃海倫，而是爭制海權

消滅米諾斯文明的邁錫尼文明擴大貿易，並在整個地中海擁有強大的影響力，結果就與愛琴海東邊利益重疊的小亞細亞地區（現在土耳其的安那托利亞半島一帶）發生衝突。之後便發展成西元前十三世紀左右、知名的「特洛伊戰爭」，上演的舞臺是小亞細亞的傳奇都市特洛伊（Troy），戰爭後來陷入膠著，持續了十年之久。歐洲和亞洲之間在後來的世界史上屢次爆發戰爭，特洛伊戰爭則為其開端。

就和先前「米諾陶洛斯」的故事一樣，希臘人也將這場戰爭化為有趣又開心的故事，再以口傳的方式流傳後世。吟遊詩人荷馬將諸神和英雄交織的壯闊歷史奇譚，匯集成《伊里亞德》。「伊里亞德」就是特洛伊的別名（編按：《伊里亞德》又譯為《伊利昂紀》，其中的「伊利昂」（Ilium）是特洛伊的別名）。

《荷馬的伊里亞德》（*The Iliad of Homer*，芭芭拉．李妮．皮卡德〔Barbara Leonie Picard〕著，岩波少年文庫）的譯者高杉一郎先生，在「譯者後記」中陳述如下：

「（羅伯特・格雷夫斯〔Robert Graves〕的《希臘神話》〔*The Greek myths*〕指出，）這段故事背後隱含的事實是，西元前一四〇〇年以後，圍繞著希臘和特洛伊的制海權，兩者之間對立鬥爭變本加厲的情勢。在此之前，普里亞摩斯國王（Priam）掌控的特洛伊及其同盟國，獨占了以黃金、銀、鐵、硃砂、船材、亞麻布和麻等物品為中心的黑海貿易，獲得驚人的利益。阿伽門農國王（Agamemnon）率領的希臘，開始要求希臘船艦駛往赫勒斯滂海峽（Hellespont）的航行權，似乎就是這場戰爭的真相。戰爭的結果，就是在特洛伊淪陷之後，希臘就沿著黑海貿易的路線相繼建設富庶的殖民地，最後擁有當時最大海軍力量的雅典（Athens），買斷黑海地區便宜的穀物，獲得龐大的利益。」

赫勒斯滂海峽指的是現在的「達達尼爾海峽」，它連接愛琴海和位在土耳其西北部的馬摩拉海，再穿過馬摩拉海北邊的博斯普魯斯海峽（Bosphorus）通往黑海。這塊區域剛好位在亞洲和歐洲的交界。

對希臘方來說，假如能在赫勒斯滂海峽航行，即可藉由黑海貿易，開啟龐大獲利之路。反之，對波斯方來說，則是原本獨占的黑海權益遭到掠奪。特洛伊戰爭就是為了爭奪航行權和制海權引發的糾紛。

那麼《伊里亞德》是什麼樣的故事？以下介紹其概要。

## 《伊里亞德》——憤怒讓人墮落、慈愛使人偉大

《伊里亞德》由眾多的登場人物和龐大的軼聞點綴，主角是邁錫尼國王阿伽門農，以及希臘方普提亞國（Phthia）的王子兼邁錫尼英雄阿基里斯（Achilles）兩人。阿伽門農是粗暴傲慢的人物，與阿基里斯耿直、誠實而正義的漢子形象呈鮮明對比。也可以說，正因為處在兩個極端，作品才能成立。貫串全作的主題，就是阿基里斯的「憤怒」。

阿伽門農身為總指揮官，率領希臘聯軍十萬人，登陸特洛伊近郊布陣。然而，敵對的特洛伊軍也堅守擁有牢固城牆的都市，展開一進一退的攻防戰。故事就從這樣的情勢下過了九年，雙方出現極大的損害，充滿厭戰的情緒說起。

《伊里亞德》的開頭是以下這段知名的詩句：

「女神啊，請歌唱佩琉斯之子阿基里斯致命的憤怒，那一怒給亞該亞人帶來無數的苦難，把許多戰士的健壯英魂送往冥府，使他們的屍體成為野狗和各種飛禽的肉食，從阿特柔

斯之子、人民的國王阿伽門農同勇將阿基里斯爭吵、分離時開始唱起吧。」

有一天，太陽神阿波羅（Apollo）的祭司克律塞斯（Chryses）之女遭到俘虜，成了阿伽門農的妾侍。阿波羅聽了克律塞斯的控訴，就讓希臘軍的陣地發生瘟疫。阿基里斯為了收拾事態，就釋放祭司的女兒，平息阿波羅的憤怒。然而，對此氣憤的阿伽門農這次卻奪走阿基里斯的愛妾布里賽絲（Briseis），作為自己的妾侍。

當然，這次換阿基里斯憤怒了。他已經無法在阿伽門農的麾下戰鬥，便離開了部隊。就在這時，失去英雄的希臘軍打不過特洛伊軍，因而陷入困境。結果，就連阿基里斯從小一起長大的朋友帕特羅克洛斯（Patroclus）都戰死了。

阿基里斯燃起復仇之火，回到希臘軍隊，以怒濤之勢擊退特洛伊軍。最後特洛伊方的英雄，還有殺害帕特羅克洛斯之仇的赫克托（Hector），就在與其對決之後倒下。

阿基里斯還將赫克托的遺體示眾，證明自己的勝利，於是特洛伊國王、赫克托的父親普里亞摩斯便登場了。他不顧自身安危，隻身潛入希臘軍陣地，現身在阿基里斯面前，就為了乞求對方交還兒子的遺體。這個場面是《伊里亞德》的高潮。

普里亞摩斯跪在阿基里斯的腳邊，抓住對方的手泣訴：

「拜託您憐憫我這把老骨頭。憐憫我一把年紀，還必須這樣俯下身去，跪在殺了我好幾個兒子的人面前。」（《荷馬的伊里亞德》）

已經視死如歸的阿基里斯，想起盼望自己返家的父親，以及過世的好友帕特羅克洛斯，忍不住同情起普里亞摩斯，於是就答應他的請求，仔細清潔赫克托的遺體後，再還給普里亞摩斯。

《伊里亞德》的故事，就在赫克托被慎重埋葬在特洛伊宮殿的場景結束。

然而，特洛伊戰爭依舊還在持續。關於戰爭的始末和其後奇妙的冒險故事，則寫在荷馬的另一部大作《奧德賽》當中。

## 《奧德賽》——隱含了希臘人對於航海的不安與艱辛

不久，阿基里德也戰死了，特洛伊戰爭再次陷入膠著狀態。其後，希臘軍的智將奧德修斯（Odysseus）打破這個僵局，他制定的作戰計畫就是知名的「特洛伊木馬」。

首先，奧德修斯先製造巨大的木馬，接著包含他本人在內、共數名精銳兵躲進木馬中，再把木馬放在前線，其他希臘軍則躲在暗處。此時，特洛伊軍以為希臘軍撤退，就將木馬運進城內、好證明己方的勝利，並召開慶功宴。奧德修斯等人見他們酩酊大醉之後，就從木馬中溜出來，打開城門，此時待命的希臘軍趁機一口氣湧進城內，對特洛伊軍和特洛伊民眾造成致命的打擊。

《伊里亞德》最後登場的老國王普里亞摩斯，也在此時被敵軍所殺，結束了長達十年的特洛伊戰爭。另外，在此之後，希臘軍的總指揮官阿伽門農，也被妻子和她的情夫暗殺。

希臘軍終於要返回祖國了，其中也包含奧德修斯在內。然而在各種因素交疊影響下，他還需要十年的歲月才得以歸國。《奧德賽》就是描述路途當中迂迴曲折的冒險故事。由二十四首詩組成的壯闊史詩，這裡因為篇幅關係、無法完全蒐羅，僅能大致敘述概要。

奧德修斯率領十二艘船隊離開特洛伊，前往位於希臘本土西岸近海的故鄉綺色佳島（Ithaca）。然而風向不對，船隻大幅轉向西南方，穿過地中海、漂流到北非沿岸的島嶼。接著就像是遭到坎坷的命運擺布一樣，他輾轉地中海各地，過了十年的歲月才歸國。

故事大致由三部組成。第一部是從時間來到第十年起，開頭的場景是諸神召開集會，決定是時候讓奧德修斯回鄉了。

另一方面，潘妮洛普（Penelope）和二十歲的兒子泰勒馬庫斯（Telemachus）則在綺色佳島上等待奧德修斯回國。理由不只是因為身為家人，照理說奧德修斯很早以前就從特洛伊出發，卻沒有順利回來，於是許多男人覬覦他留下的財產，也要求和潘妮洛普結婚。不管潘妮洛普再怎麼拒絕，他們反而待在奧德修斯的宅邸，不斷隨意的舉辦宴會。

兒子泰勒馬庫斯為了趕走他們，就在綺色佳島召開集會，發表演講譴責他們的惡行。但求婚者當中也包含島上有權有勢的人，所以無法得到眾人的贊同。

於是他心一橫，出外探尋奧德修斯的消息。他走訪特洛伊戰爭的戰友，試圖掌握線索。結果雖然從斯巴達國王口中得知奧德修斯生還，但海洋女神卡利普索（Calypso）卻愛上了奧德修斯，將他囚禁在奧吉吉亞島（Ogygia，一般認為是現在馬爾他共和國西北部的哥佐島〔Gozo〕）。到這裡為止是第一部。

奧德修斯是從第二部起登場。他獲得卡利普索的協助，乘筏逃出奧吉吉亞島，卻被大浪吞沒，拋到海上。奧德修斯漂流三天之後，就抵達菲西亞人（Phaeaceans）居住的社里亞島（Scheria，現在的希臘西岸近海，愛奧尼亞〔Ionia〕諸島北端的克基拉島〔Corcyra〕），獲得公主瑙西卡（Nausicaa）的幫助。

奧德修斯還受到其父王阿爾喀諾俄斯（Alcinous）的款待，與菲西亞人往來親密。於是奧德修斯就告訴他們過去長達十年、波瀾萬丈的冒險奇譚。

而在第三部，奧德修斯在菲西亞人的幫助下，終於回到故鄉綺色佳，而且還和從斯巴達回國的泰勒馬庫斯重逢，合力對抗眾多求婚者，終於消滅他們。

## 在沒有文字的時代，故事為什麼能一直傳承？

然而，關於特洛伊戰爭的故事並非只有《伊里亞德》和《奧德賽》。以包含這兩篇在內、總計八篇的史詩所接力完成的故事，就稱為「史詩集成」（Epic Cycle）。

不過，亞里斯多德也指出，荷馬這兩篇作品的品質與分量無疑十分突出，甚至還說其他六篇是為了填補這兩篇的前後故事而創作出來的。

其中放在故事開頭的是《塞普利亞》（*Cypria*），主要描寫特洛伊戰爭爆發的經過。接著是《伊里亞德》，之後的《厄提俄皮斯》（*Aethiopis*）則描述了英雄阿基里斯被箭射穿而死的場景。

第四篇《小伊里亞德》（*Little Iliad*）的故事圍繞在神祇贈送已故阿基里斯的盔甲，奧德修斯與同為希臘軍的戰士大埃阿斯（Ajax the Great）爭奪盔甲的承繼權，結果奧德修斯獲勝。憤怒的大埃阿斯攻擊以奧德修斯為首的同袍，最後恢復神智，自盡身亡。

爾後的《特洛伊淪陷》（*Iliupersis*），就是前面提到的「特洛伊木馬」導致特洛伊陷落，《諾斯托伊》（*Nostoi*）則是描述奧德修斯以外希臘諸將們的命運，也包含阿伽門農遭到妻子和情夫謀殺的故事。

之後就接上《奧德賽》，最後以《泰列格尼》（*Telegony*）收尾。後者是描述奧德修斯與魔法師之間生下的孩子，誤殺奧德修斯的故事，內容和《奧德賽》的矛盾甚多，受到相當嚴厲的批評。

以上這些作品，都誕生在沒有文字的時代。邁錫尼文明時代線形文字B的文化，隨著文明消滅而被人們遺忘。即使如此，它還是透過吟詩，也就是記憶和口傳流傳後世，昇華為一大文化遺產，真是令人讚嘆。《伊里亞德》和《奧德賽》（日文版皆為岩波文庫出版）的譯者松平千秋，在《伊里亞德》的解說中談到，除了關於特洛伊戰爭的故事之外，還有其他由多部作品組成的「史詩集成」。

那麼，吟詩對當時的人們來說，又代表什麼？其實在《奧德賽》當中，也不只一個場景出現吟遊詩人負責吟詠詩句。松平千秋指出，從這裡亦可看出當時吟詩文化的面貌。吟詩是宴席和大型祭典等場合演出的節目，演奏者彈著「福明克斯琴」（Phorminx）——這種原始的豎琴表演，雖然人們稱他們為「歌手」（Aoidos），卻是吟遊詩人早期的面貌。

不久後，史稱「朗誦者」（Rhapsode）的演出者興起。使用權杖（Rabdos）代替豎琴的藝術風格，正如今天日本說書人和相聲演員所用的扇子和手拭巾。換言之，詩的表現手法也從歌唱替換成講述。無論如何，這些都形成娛樂性豐富的藝術，獲得眾人喜愛並發展下去。

吟詩的特徵在於使用比喻的情景描寫，以及使用引子和韻腳講述的技巧。演出者會因為本身的表達能力而獲得好評。換句話說，這一連串的故事歷經漫長的歲月，由無數的吟遊詩人設法不斷琢磨。荷馬則繼承其成果，並以突出的編纂能力和表達能力，匯集成一大作品。

正因當時吟遊詩人睿智的結晶，才讓距今三千年的古老故事，最終記錄成文字、化為文學，成為世界上長期受世人愛讀的作品。假如從一開始就有文學，或許就不會這樣發展了。

## 土壤肥沃逼斯巴達武勇，貧瘠土地讓雅典海外殖民

前面曾提到，特洛伊戰爭是西元前十三世紀左右的故事，荷馬則是在西元前八世紀左右出生，也就是時代推移了四百年至五百年。目前還不清楚希臘在這段期間發生過什麼事。或許是因為每個地區形成城邦（都市國家），連年戰亂荒廢的緣故，幾乎沒有發現史料，這段時期就稱為「黑暗時代」。

然而在此之後，希臘就發生劇烈的變化。就如開頭所言，古代的希臘是肥沃的地區，以至於眾人不斷互相爭奪，落敗的居民只好往新天地遷徙。這種狀態即使在特洛伊戰爭後，也仍在持續。

反過來說，土壤貧瘠的地區就很穩定。雅典現在是希臘的首都，而古雅典就是其中的典型，從很久以前，內亂就極為罕見，所以許多遭到流放的難民，也會從希臘各地和國外集結至此，其中還包含不少王公貴族。

原本就住在當地的雅典人保護他們，讓這些人加入市民的行列。也因此使得人口增加，最後光是靠雅典還不足以收容所有民眾，於是就進軍地中海各地，建設殖民城邦，範圍甚至及於愛奧尼亞地區，該區隔著愛琴海，位於現在的土耳其沿岸區。同時還發展海洋貿易，獲得豐碩的成果（編按：請參照第五十二頁至第五十三頁圖表1-2）。

這段移動的過程，和先前介紹的《奧德賽》中長達十年的冒險故事重疊。當時的希臘人在新天地殖民的辛苦和不安，或許就反映在主角奧德修斯身上，讓市民享受生動的故事。

相形之下，位在伯羅奔尼撒半島的斯巴達就不一樣了，這裡土地肥沃，征戰不絕。來自北部的民族多利安人（Dorians），則為這種情勢劃下休止符。他們帶來鐵製武器，憑力量壓制其他民族，平定整個半島。

多利安人將原本居住在此的其他民族，區分為國有奴隸（黑勞士〔Helots〕）和周邊住民（珀里俄基人〔Perioikoi〕）這兩種半自由人，讓他們負責農作和其他勞動。當然，其他民族鬱鬱不得志，無論什麼時候發動叛變都不奇怪。

然而，多利安人的政權完全沒有受到威脅。這是有理由的，因為市民會鍛鍊武藝、培養勇氣，統率時基於嚴格的軍紀，富者和貧者一律著穿著同樣的服裝，建立重視意氣和節制的風氣。結果斯巴達就成為希臘諸國中首屈一指的軍事大國。

上述雅典的殖民城邦政策和斯巴達強化軍事力的方針，替整個希臘帶來和平與安定的時代，這就稱為「古風時期」，從西元前八世紀，持續到西元前五世紀左右。

## 第一屆古代奧運會，目的在於止戰

西元前七七六年，伯羅奔尼撒半島西部都市奧林匹亞（Olympia）舉辦的第一屆奧運會，象徵這個時代的揭幕。召開奧運會的目的是停止希臘內城邦間的爭鬥，將運動獻給至尊的天神宙斯。從當時起就規定每四年舉辦一次，比賽期間要休戰。

隨著和平的到來，希臘的人口和財富逐漸增加。三十個以上的城邦，各自在地中海沿岸各地擁有不只一座殖民城邦。借用柏拉圖的話來說，這種情況就像是「青蛙在地中海這塊池塘中生殖一樣」。

尤其是勢力雄厚的雅典和斯巴達，前者開拓的殖民城邦，遠達愛琴海大部分的島嶼，和位在希臘本土對岸的愛奧尼亞地區（現土耳其沿岸區），後者則遠至西西里（現西西里島）和義大利半島。

同時，史稱「僭主」的新統治階層在各地崛起。以往每個都市是由世襲君主獲得一定的權限並統治。另外在此之後，還有段時期，是由貴族階級在共和政治的名義下，掌握實際主導權。然而沒多久，富裕的市民經由貿易等手段，擁有不遜於貴族階級的經濟能力。當這樣

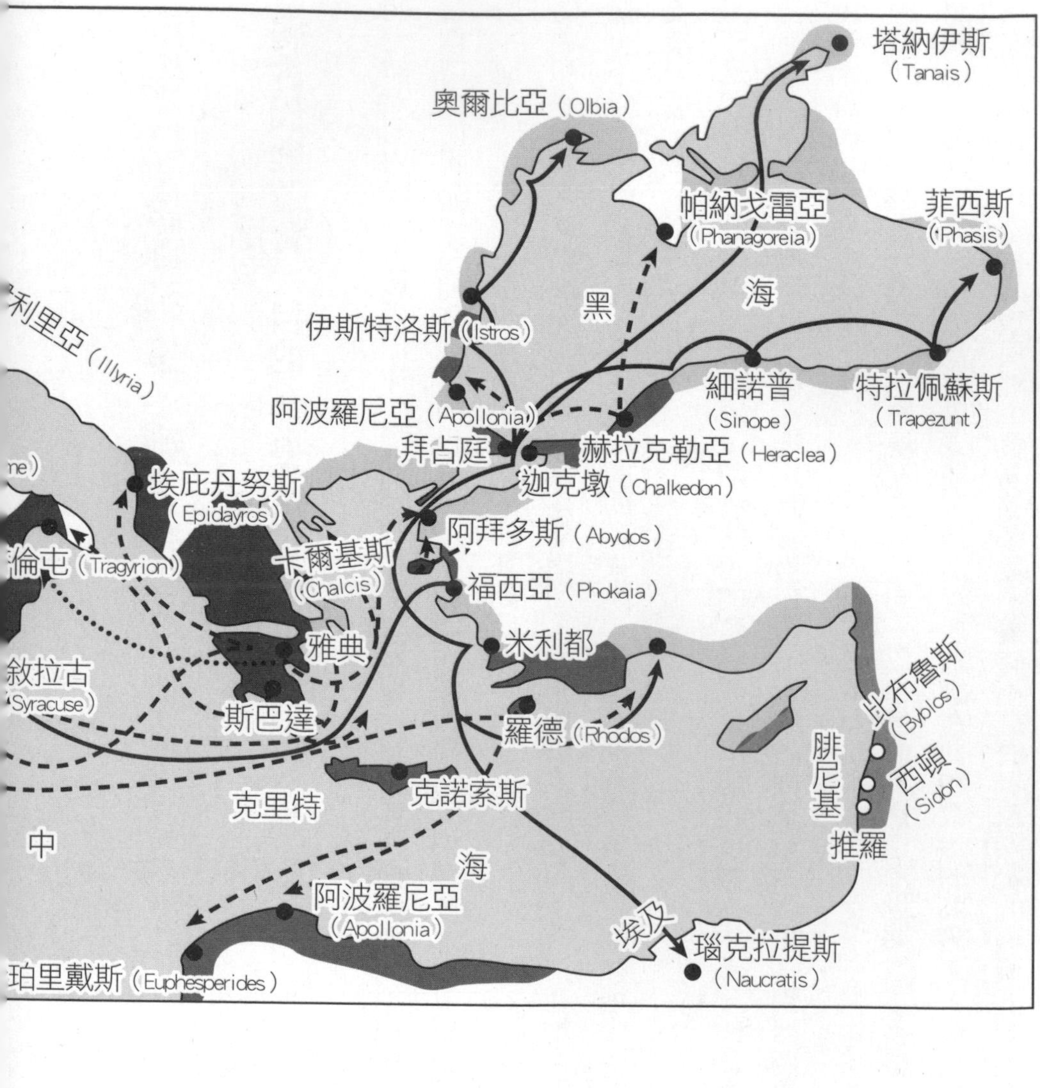
塔納伊斯
(Tanais)
奧爾比亞 (Olbia)
帕納戈雷亞
(Phanagoreia)
菲西斯
(Phasis)
黑
海
伊斯特洛斯 (Istros)
阿波羅尼亞 (Apollonia)
細諾普
(Sinope)
特拉佩蘇斯
(Trapezunt)
拜占庭
赫拉克勒亞 (Heraclea)
迦克墩 (Chalkedon)
埃庇丹努斯
(Epidayros)
阿拜多斯 (Abydos)
卡爾基斯
(Chalcis)
福西亞 (Phokaia)
米利都
雅典
敘拉古
(Syracuse)
斯巴達
羅德 (Rhodos)
比布魯斯
(Byblos)
腓
尼
基
西頓
(Sidon)
推羅
克諾索斯
克里特
中
海
阿波羅尼亞
(Apollonia)
埃及
瑙克拉提斯
(Naucratis)
(Euphesperides)

圖表1-2　腓尼基人和希臘人的殖民活動

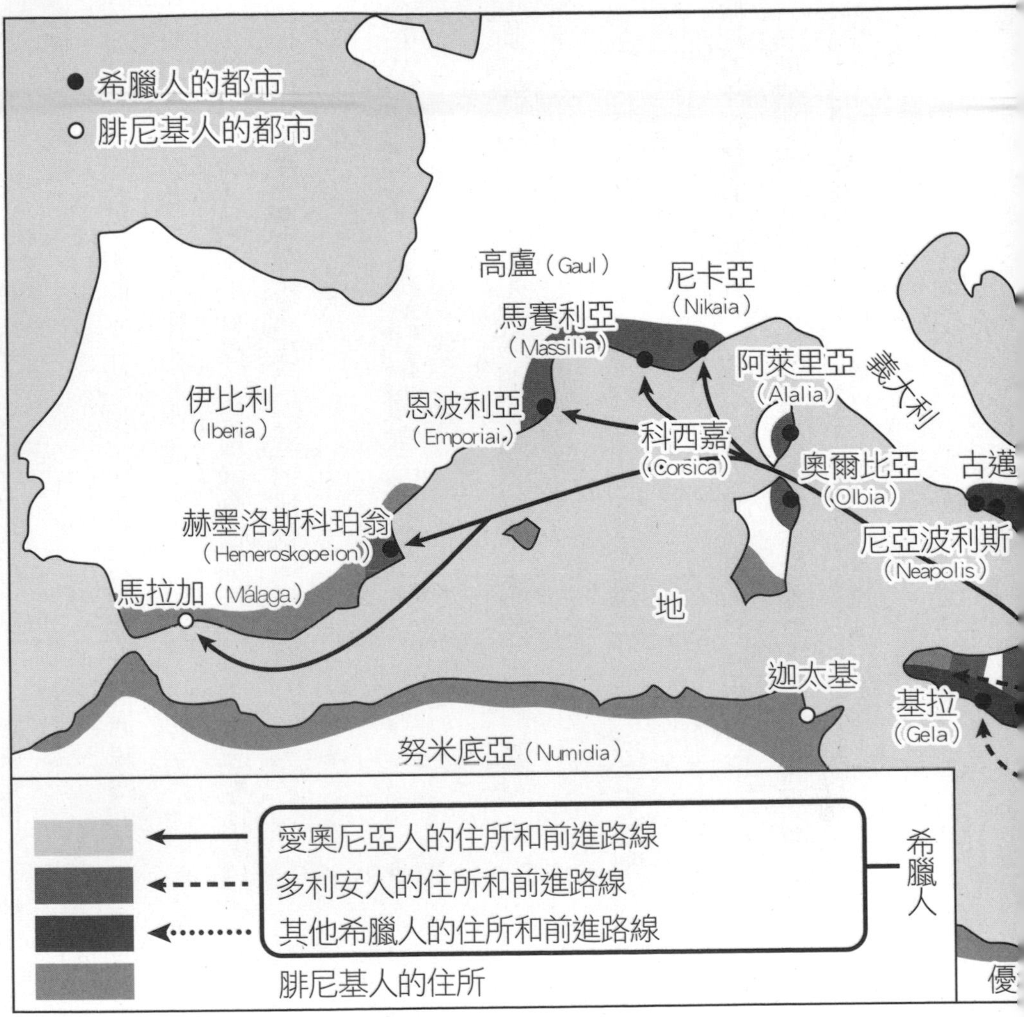

的市民增加後，便出現了從中爭取支持並掌握權力的人，也就是僭主，他們抑制貴族的合議制，濫用獨裁的權力。

變化的不只是政治體制。在軍事上，重裝步兵開始位居軍隊的核心。而且希臘還受到古代東方世界（埃及和美索不達米亞）先進文明的影響，呂底亞王國（Lydia，現在的土耳其西部）所鑄造、世界最早的硬幣，也流通到市面上。另外，在藝術領域，從東方世界傳入巨大的雕像文化，產生象徵古希臘的陶器，稱為「紅彩陶器」。

## 今天的英文字母，源自希臘字母

古典時代的希臘還發生另一個大變化，就是希臘字母的發明。

前面曾介紹過米諾斯文明和邁錫尼文明的線形文字A和線形文字B，但希臘字母則有著根本上的不同。希臘字母，是根據已存在於東方世界的腓尼基字母創造而成，用來表記希臘文。

腓尼基字母是腓尼基人為了寫出自己的語言，而發明的二十二個字母。腓尼基人很早就藉由貿易興盛起來，並在地中海各地建造殖民城邦。尤其是在西元前八世紀左右，以歐羅巴的傳說聞名的貿易港推羅，就以貿易網的樞紐而繁榮，從地中海一帶出發，遠至美索不達米亞和阿拉伯半島。他們在貿易之餘，也將自己開創的文字傳到各地。

順帶一提，腓尼基的別名是「迦南」（Canaan），以《舊約聖經》當中出現的「流奶與蜜之地」和「應許之地」而聞名。

文字可分為一個字就具備意思的表意文字，以及只表示發音的表音文字。前者的典型是漢字，後者則相當於字母和日文的平假名。另外，表音文字可以大致區分為音節文字和音素文字。前者是一個字母代表一個發音（音節），典型的例子是平假名，前面提到的線形文字B也是其中之一。相對的，後者則是一個字母代表母音或子音，藉由組合來表現音節。

腓尼基字母是音素文字，被希臘字母、阿拉伯字母、阿拉米字母、希伯來字母及其他歐洲和西亞的許多語言採納。現在使用的音素文字，幾乎都源自腓尼基字母。

不過，腓尼基字母只有子音。反觀希臘文則欠缺母音。因此，希臘文發音上不需要的腓尼基字母「A」、「E」、「O」、「Y」、「I」，就挪用為表示母音的音素文字。母音和子音湊齊之後，希臘字母就以歐洲各地為中心，被許多民族仿效。

接著還產生了後來的拉丁字母，也就是俗稱的羅馬字母。換句話說，今日英文字母的原點就是希臘字母。附帶一提，「字母」（Alphabet）這個說法，就是源自希臘字母開頭的兩個字母「α」（Alpha）和「β」（Beta）。

## 有了字母，人們開始著述；重視邏輯，便有了學問

希臘字母的發明，促使吟詩文化過渡到文字文化。

前面已經提過，吟詩是希臘人心目中的重要娛樂，吟遊詩人就像是回應他們的期待一樣，將各式各樣的故事創作成詩。根據史實改編的故事稱為「史詩」，讚美戀愛和神祇的作品則稱為「抒情詩」。

其中最突出的，就是生逢古典時代的吟遊詩人荷馬，所匯集的史詩《伊里亞德》和《奧德賽》。想當然耳，或許正因為作品成熟度高，才不以吟詩的形式流傳，而是記錄成開始普及的文字。

前面提到的松平千秋指出，荷馬的詩在西元前六世紀後半的雅典，曾經經過類似校訂或編纂之類的作業。下令的人是當時的雅典獨裁者庇西特拉圖，似乎是為了在祭典中上演而製作文本，史稱「庇西特拉圖的校訂」

荷馬的作品就以這件事為契機，化為文字到處流通。正因為留下這樣的紀錄，最後才會翻譯成多種語言，進而在兩千五百年後的今天，人們也能閱讀到中文版。

當然，不只是荷馬的作品化為文字。當時除了詩歌，也有散文形式的著述活動。換句話說，就是沒有押韻的修辭，讓人們能夠更自由的表達。而相對的，人們便開始重視著述的內

容。**假如內容不是根據理性和事實，就沒有寫下來的意義。於是就產生出書寫文字時發揮邏輯、更勝於訴諸情緒的習慣，這就是哲學和歷史學等學問的萌芽。**

由於這個重大的變化，在時間稍晚的雅典，便出現歷史學家希羅多德和修昔底德，哲學家柏拉圖和亞里斯多德等人。但原因不只是文字的發明，當時希臘仍是反覆上演戰亂和悲劇的時代，這種情況讓他們受到使命感的驅策，不得不寫些什麼。

對希臘來說，古典時代是發展和成長的時代，這份擴張卻與自古以來文明昌盛的亞洲之間產生摩擦。結果希臘就在西元前五世紀末，遭到當時亞洲大國——波斯阿契美尼德王朝（Achaemenid）的侵略。這場一般所謂的「波希戰爭」，讓持續大約三百年的古典時代迎向終點。

另外，這場戰爭總計發生三次、為期半世紀，在號稱「人類最古史書」、希羅多德的《歷史》中也有詳細描述。下一章將會介紹其概要。

第二章

# 何謂正義、善良與美德？從《歷史》看歷史

歷史學家希羅多德的著作《歷史》，記述波希戰爭的經過。其中有嫉妒、憎恨、驕矜，登場人物的各種情感推動著歷史，無論善惡與否，都能從中感受到今昔不變的人性。

學習西洋古代史時，絕對會學到兩位希臘歷史學家。一位是希羅多德，另一位是修昔底德。他們詳實記錄了兩起重大事件，這些事件也大大影響了爾後的世界史。

其中一個重大事件，是發生於西元前五世紀的「波希戰爭」。亞洲龐大的帝國——波斯帝國進攻希臘世界，而希羅多德宏大的著作《歷史》則描寫了完整的經過。後來這部「人類最古史書」，也以完整的形式保存至今。

另一起重大事件，則是在波希戰爭結束二十年後，所發生的「伯羅奔尼撒戰爭」。這場戰爭發生在希臘的城邦（都市國家）雅典和斯巴達之間，一共長達二十七年。修昔底德的著作《伯羅奔尼撒戰爭史》描寫了這場戰爭的始末。

## 民主在雅典誕生，眾愚卻讓雅典衰亡

《歷史》描述希臘世界的結束和民主制的力量。就如前一章所述，在古典時代的希臘，城邦分立，獨裁僭主各自為政。然而，在遭到差距懸殊的先進異文明——波斯帝國侵略的時候，眾都市也團結起來。

尤其是雅典，更流放了獨裁僭主，確立「民主制」這項新體制。雅典用自己的雙手，為保護自己的土地而戰，最後逼得波斯帝國撤退，同時建立希臘世界盟主的地位。這項勝利亦可稱為西方文明的重大轉捩點。《歷史》也鮮活的描述了，這份自由和平等的理念。

但是在此之後，雅典的繁榮和權勢導致自己對治下諸國驕傲自大，欠缺德智兼備的領袖，國家淪落為眾愚的餌食，這就是《伯羅奔尼撒戰爭史》的主題。

這兩位歷史學家筆下想探究的疑問是「何謂正義、善良及美德」、「何謂國家」及「何謂政治」。柏拉圖和亞里斯多德則在「哲學」的領域中尋找答案。他們在思考之後留下的諸多著作，就形成後世的西方文明。這麼一想就可以明白，為什麼現代的我們，需要回顧兩千五百年前的戰爭，重新翻閱這份詳細的記錄了吧？

另外，這些史書不只能提升素養，當成故事來讀也十分精彩。嫉妒、欲望、憎恨、驕矜，無數登場人物的各種感情推動歷史。無論善惡與否，都能實際感受到今昔不變的人性。

## 充滿趣事軼聞的人類最古史書——《歷史》

因此，本章將會先帶各位閱讀希羅多德的《歷史》。

前一章曾介紹過荷馬的史詩《伊里亞德》和《奧德賽》，兩者都是描述亞洲世界和歐洲世界首次重大的衝突「特洛伊戰爭」。而希羅多德《歷史》記載的「波希戰爭」，結構上也仍是亞洲世界和歐洲世界的對立。

希羅多德生逢西元前五世紀出頭、波希戰爭開始時，出生地是卡里亞地區（Caria，現安那托利亞半島沿岸）的哈利卡那蘇斯（Halicarnassus），是希臘人殖民下建設的國家。殖民地的人具備勇於鑽研新事物的特質，希羅多德顯然也繼承了這一點。《歷史》並不是匯集二手資訊，而是包含大量他本人實地走訪各地獲得的資訊和軼事。就像《奧德賽》一樣，遍及範圍遼闊。

因此，這部著作不只是認識希臘，還是了解波斯、埃及、利比亞和其他亞洲和非洲各地古代史的珍貴史料。另外，它的一大特徵，就是能夠將每個故事當成軼聞來輕鬆閱讀，雖說是「人類最古史書」、聽起來好像很艱澀，實際上卻完全不是如此。

不過，這份文獻內容非常龐大，於是後來的學者就編纂成全九卷。雖然實在無法一一介紹，但本章會以亞洲和歐洲的對立為軸心，揀選主要的軼事並闡明整體形貌。

## 開啟特洛伊戰爭的遠因——互相綁架公主

《歷史》前半部，主要描述波斯阿契美尼德王朝誕生的詳細過程，後來這個國家就與希臘世界對峙。開頭談到究竟為什麼亞洲和歐洲會對立，還同時涉及前一章提過的「歐羅巴」傳說和「特洛伊戰爭」。

「歐羅巴」的傳說是萬能天神宙斯（變身為公牛），帶腓尼基（現黎巴嫩）的姑娘歐羅巴，到克里特島的故事。於是希臘和其他亞洲以西之地，就以這個名字稱為「歐洲」。

然而，《歷史》卻指出這則故事還有「伏筆」。以前，位在伯羅奔尼撒半島東部的城邦阿哥斯（Argos），就曾發生腓尼基人掠奪希臘姑娘的事件。原本腓尼基人就擅長海洋貿易，從埃及和亞述（現伊拉克北部）購入商品，再到各地兜售。其中一支也造訪了阿哥斯，物色自己喜歡的姑娘後硬押進船裡。這些受害的姑娘當中，竟有阿哥斯國王的女兒愛歐（Io）。當然，希臘方曾要求送還女孩，腓尼基方卻相應不理。

住在克里特島的希臘男子一怒之下，就彷彿是報復一般、入侵腓尼基的首都推羅，綁架了國王的女兒。於是日後便以此事件為藍本，衍生出歐羅巴的傳說。

接著，希臘方派戰船去科爾基斯王國（Colchis，現喬治亞西部），綁架公主米蒂亞（Medea）。科爾基斯國王當然也要求對方送還公主，希臘方卻以愛歐的例子為由拒絕。

這起糾紛甚至遺留到下一代。特洛伊普里亞摩斯國王的兒子巴里斯（Pales），看了一連串的事件經過，就誘惑並帶走斯巴達王妃海倫（Helen），並娶她為妻。這次換希臘方要求送還，巴里斯卻以「錯在希臘方」為由拒絕。於是希臘方就組成大軍，進攻特洛伊，這就是「特洛伊戰爭」的開端，最後特洛伊城（即伊里亞德城）就在大火中淪陷了。

從希臘和歐洲的角度來看，或許亞洲給人的印象，是利用高度文明不斷搾取和掠奪的敵人。然而從亞洲的角度來看，先攻進來的是希臘方，懷抱敵意自是理所當然。而且，糾紛的起因是為了女人，這本來就不是什麼需要動用國家的大事，所以亞洲一方就對歐洲抱持厭惡感。

## 克洛伊索斯國王兼併希臘城邦，反而成了波希戰爭的遠因

自古以來，希臘和亞洲世界之間就不斷發生這樣的糾紛。根據《歷史》所描述，帶給希臘最大禍害的，是呂底亞王國（安那托利亞半島的西部，現在的土耳其）的克洛伊索斯（Croesus）國王。

克洛伊索斯國王原本就背負著失敗的「宿命」，原因要追溯到五代之前的坎道列斯（Candaules）國王的時代。坎道列斯相信自己的妻子（王妃）最美，為了誇耀這一點，就命令親信巨吉斯（Gyges）「躲在寢室裡偷窺妻子脫衣的模樣」。巨吉斯做了這件事，氣息卻被王妃察覺。王妃在受辱後大怒，將矛頭對準坎道列斯國王、而非巨吉斯。她逼迫巨吉斯做出選擇，要不是自殺，要不就是與她合謀弒君。

結果，巨吉斯選擇與王妃聯手走上弒君之路，最終篡奪王位，但民眾卻揭竿而起，於是他即位的正當與否就委由「德爾菲（Delphi）神諭」決定。德爾菲是希臘中部城鎮的地名，

是阿波羅神廟所在的聖地。對希臘人來說，這座神殿的主要功能，是在政治上做出重大的決定時，藉由巫女的口接收神諭。巨吉斯從呂底亞越境到希臘，就是因循這套慣例。

結果與大多數人的預料相反，巫女認可巨吉斯的即位。不過她也告知，朝代在五代以後的君主會遭到報應，也就是克洛伊索斯國王，他於西元前五六〇年即位。

回到先前的故事，克洛伊索斯先是找尋藉口，攻擊安那托利亞半島西南部、愛奧尼亞地區的多個希臘殖民城邦，並將這些城邦統統納入呂底亞的版圖。而當他掌控了整個安那托利亞半島西部之後，大筆財富就從當時的世界集中到首都撒狄（Sardis）。以世界第一枚金幣聞名的「呂底亞金幣」，也是這個時期製作的產物。

至今說到希臘文和波斯文的「克洛伊索斯」時，仍是「富者」的意思。英文中也有「rich as Croesus」（富比克洛伊索斯）或「richer than Croesus」（比克洛伊索斯還富有）的慣用句來形容大財主。然而，這份富饒竟然成為爾後波希戰爭的遠因。

克洛伊索斯還帶給希臘另一件禍害。以結果來說，這項措施允許波斯帝國進出安那托利亞半島西部，從影響程度考量，這件事或許比較重要。

然而，在《歷史》中，有一段耐人尋味的軼聞和克洛伊索斯有關，那就是希臘賢人之一的梭倫，造訪呂底亞王國時雙方的對話。

## 流傳千古的話題——錢能買到幸福嗎？

梭倫是主導雅典民主制的人物，而後他出外巡遊十年。他的目的是分析亞洲各地的情勢，訪問呂底亞也是其中一環。克洛伊索斯歡迎賢人的來訪，他帶著對方參觀寶庫，同時炫耀自己多麼富有：

「雅典的客人啊，我們聽到了很多關於您的智慧，以及關於您為了求知和視察外界，而巡遊列國的事。因此我很想請教您，到目前為止，在您遇到的所有人當中，怎麼樣的人是最幸福的？」（譯自《歷史》，岩波文庫，以下同。）

國王之所以會這麼問，是因為他認為自己是人間最幸福的人。然而，梭倫卻正直無私、毫不諂媚的回答他：

「國王啊，我認為是雅典的泰洛斯（Tellus）。」

泰洛斯原本就生在富裕的家庭，而且子嗣興旺，參加與鄰國的戰爭解救雅典方的危機，戰死沙場。雅典就以國家經費埋葬他，表彰其名譽。

克洛伊索斯聽了這番話之後，又焦急的詢問：「世界上第二幸福的人是誰？」

梭倫接著提到：「是出生於阿哥斯的克琉比斯（Cleobus）和比同（Biton）兄弟」。阿哥斯是位在伯羅奔尼撒半島東北部的都市。這對兄弟為了讓母親參加至高女神赫拉（Hera）的祭典，親自代替牛隻、拉牛車趕到現場。當天晚上兄弟雖然去世，這份孝行卻讓聚集在祭典中的群眾大聲喝采。另外，阿哥斯人將他們視為「舉世無雙的人物」而雕塑立像，獻納到德爾菲神廟去。

這下不但與庶民相比，而且還不如庶民，讓克洛伊索斯更加焦急。梭倫見狀後，就繼續說道：

「（略）我知道神是非常嫉妒的，而且很喜歡干擾人間的事情。悠長的一生使人看到和體驗到他很不樂於看到，和很不樂於體驗到的許多東西（略）。毫無疑問，縱然是再有錢的人，除非他很幸福的、一直享受自己全部的龐大財富到臨終的時候，否則稱不上比僅能維持當日生活的普通人更幸福。因為許多最有錢的人並不幸福，而許多人即便不富有，卻受到好運眷顧。（略）。然而這樣的人，在他死之前，寧可稱他為幸運的人，而不是幸福的人。（略）因為神往往不過是讓許多人看到幸福的一個影子，隨後便把他們推上毀滅的道路。」

這時克洛伊索斯終於發火，再也不理梭倫、送他離開該國。想必其中也投射了克洛伊索斯的人生觀。

爾後真如梭倫所言，克洛伊索斯的命運急轉直下，先是兒子在婚禮將近時因意外事故身亡，讓他兩年間沉浸在悲痛中。接著之後，與波斯帝國的戰爭，就以破竹之勢等待著他。

## 亞細亞邁向四王國分立

接著要提到的，是波斯帝國差不多在同一個時代崛起，成為亞洲霸者的經過。

西元前八世紀以後，亞細亞地區長期受到亞述統治。他們一下子征服埃及，統治一般所謂的東方世界全土。不過在此之後，各地陸續反叛倒戈，使得首都尼尼微（Nineveh，又稱尼諾斯〔Ninos〕）在西元前六一二年淪陷和滅亡，其中的主角就是米底亞王國（Media）。

這段經過有點複雜。米底亞王國是米底亞人建立的國家，勢力從伊朗高原東部往西北部擴大，將同樣位在伊朗高原的波斯置於統治之下。他們乘著亞述勢力轉衰，西進至呂底亞王國的邊境一帶，將版圖擴大到整個亞細亞之後，就包圍尼尼微。

然而，就在這時，來自北方黑海一帶的遊牧民族斯基泰人（Scythians）大軍攻過來，擊敗米底亞軍，於是斯基泰人就統治了整個亞細亞。

然而，他們除了擅長武力，行事也相當粗暴，不適合擔任統治者，當然也招來各地的反感。於是米底亞軍就像是以此為後盾般反抗，結果成功驅逐斯基泰人，結束他們長達二十八年的統治。除此之外，米底亞軍還聯合以美索不達米亞流域為版圖的新巴比倫王國，攻陷尼尼微，滅了亞述。

爾後，亞細亞就進入四王國分立時代。其中包含原本就有的埃及、新巴比倫王國、呂底亞王國及米底亞王國（編按：請參照下頁圖表2-1）。

不過，四王國的特質截然不同。埃及不用說，就是擁有幾千年文化土壤的文明大國。新巴比倫王國也從很久以前就是昌盛的新型態國家。另外，呂底亞王國這個較為新興的國度，就如前面所言，是因貿易而繁榮，即使如此，也仍有延續五百年左右的王朝歷史。

相形之下，米底亞王國則是完全的新興勢力，原本是發源於東部高原地帶的遊牧民族，不含亞細亞在內。雖然版圖廣大，卻沒有能累積的財富，但也因此沒有遭到他國攻擊，而能逐漸累積力量。最後他們將波斯人置於統治之下，隨著自身崛起，出乎意料的擔綱了歷史的主角。

米底亞王國極為繁榮，卻在第二代垮臺。在第二代國王阿司杜阿該斯（Astyages）的時代，他被自己的外孫，也是後來建立波斯帝國的第一代國王居魯士（Cyrus）消滅。

圖表2-1　四王國分立的時代

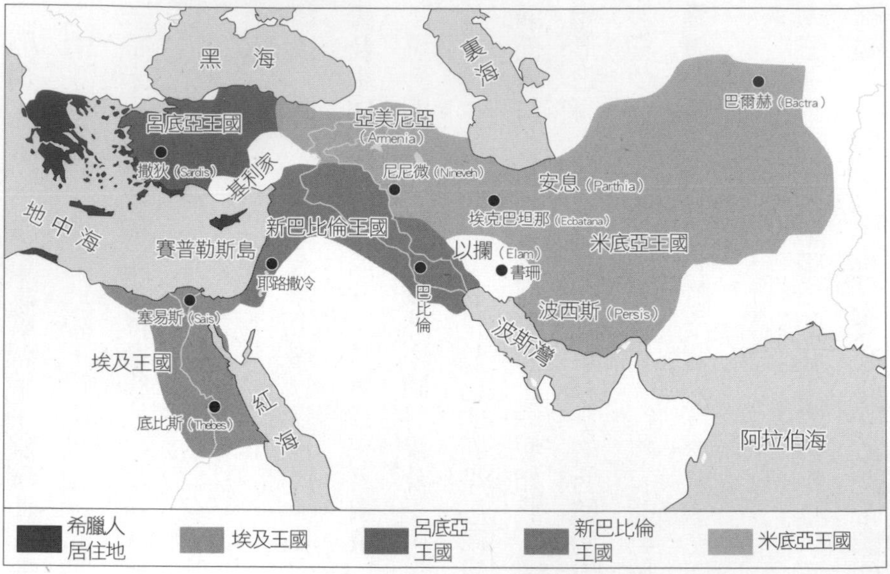


## 米底亞王國敗在多行不義

阿司杜阿該斯有個女兒名叫芒達妮（Mandane）。有一天他夢見芒達妮撒尿淹沒整個亞細亞，於是就和波斯宗教的神官「瑪哥斯僧」（Magus）商量，決定讓芒達妮嫁給波斯人。因為要是嫁給有歷史淵源的米底亞人，將來可能會威脅到自己。

芒達妮結婚的對象是波斯人岡比西斯（Cambyses），兩人之間生下的孩子便是居魯士。然而，在生產之前，阿司杜阿該斯又做了一個夢。這次他夢見芒達妮的陰部生出一棵葡萄樹，覆蓋整個亞細亞。於是他再次和瑪哥斯僧商量，對方卻說生下的孩子將會取代阿司杜阿該斯、成為國王。

因此阿司杜阿該斯決定殺了那個孩子。他將懷孕的芒達妮從波斯叫回來、嚴密的管控，並在生產的同時，將孩子交給親信哈爾帕哥斯（Harpagus），命令他：「把這孩子帶到你家裡殺死，遺體隨你怎樣埋起來好了。」

哈爾帕哥斯聽從指示，將孩子帶到自己家裡，卻無法痛下殺手。擔心要是殺了孩子，必定會招來芒達妮的怨恨，但要是不殺，就會受到阿司杜阿該斯國王的懲罰。於是他不自己下手，而是將孩子交給牧牛人米特拉達鐵斯（Mitradates），告訴他：「阿司杜阿該斯國王命令你，把這孩子放到山中最荒鄙的地方，好讓他盡快死掉。」

米特拉達鐵斯見那孩子穿著華美的衣服，馬上就明白他出身高貴。剛好同時妻子斯帕科（Spako）死產，由於失去親生孩子的悲痛，加上交託的孩子似乎很可憐，兩人就決定撫養這個孩子、而不拋棄他。為了掩人耳目，就把自己的孩子丟進森林裡。順帶一提，米底亞語稱呼狗為「斯帕卡」（Spax），因而產生了居魯士被母狗養大的傳說。

但在孩子十歲的時候，這項事實就被揭發了。當時一群孩子玩到一半，貴族的孩子遭到毆打，引發騷動。阿司杜阿該斯得知這件事，就叫打人的孩子過來。原本聽說對方是貧窮的牧牛人之子，後來卻發現，他竟是十年前自己命令哈爾帕哥斯殺掉的芒達妮之子。

阿司杜阿該斯又驚又怒，就殘酷的懲罰哈爾帕哥斯。他悄悄殺害哈爾帕哥斯的孩子，召開宴會，請他本人吃親生孩子的肉。

另一方面，芒達妮和岡比西斯得知孩子還活著，欣喜若狂。於是馬上將他領回自己的身邊，養大成人。此後，孩子就以居魯士這個名字成長茁壯。

哈爾帕哥斯就是在等待這一刻，他為了向阿司杜阿該斯國王報仇雪恨，就研擬血債血還的計畫。他招募國內同樣對國王抱持反感的人，再寄出以下這封信給波斯的居魯士，敦促對方興兵：

「報復企圖殺你的凶手阿司杜阿該斯國王的時候到了，現在就讓波斯人起兵吧！」

響應號召的居魯士開始向米底亞進軍，米底亞軍的部隊則依照哈爾帕哥斯的計畫，相繼叛變，內外受敵的阿司杜阿該斯國王當然大敗。於是米底亞王國滅亡，改由波斯掌握亞細亞全土。居魯士是波斯一個部族阿契美尼德家的子孫，該國就稱為波斯阿契美尼德王朝。這是西元前五四九年的事情。

## 呂底亞王國滅亡，許多希臘殖民城邦被波斯兼併

波斯阿契美尼德王朝極為繁榮，對於鄰近的呂底亞王國克洛伊索斯國王來說，是重大的威脅。因此，克洛伊索斯國王就和五代前的巨吉斯一樣，獻上許多供品，乞求德爾菲神諭指引。神諭提到「只要克洛伊索斯向波斯出兵，就會毀滅大帝國」，意思是要與希臘當中最強的國家結盟。

但後來發現，神諭中的「大帝國」指的其實是呂底亞王國。然而，克洛伊索斯國王卻解釋成波斯，選擇與該國掀起戰爭一途。結果，反而連首都撒狄都被攻破，儘管全力應戰，卻在十四天之後淪陷。於是呂底亞王國就在西元前五四六年滅亡。巨吉斯時代「第五代會遭到報應」的神諭成真了。

之後，克洛伊索斯國王當眾被處火刑，但奇蹟似的大雨滅了火，讓他保住一命，結果他獲得居魯士的赦免，召為心腹。

呂底亞王國消滅，使得遍布各地的希臘殖民城邦，也幾乎遭到波斯兼併。有些城邦的市民悉數放棄土地遷居，有些城邦則在果敢抵抗後被迫屈從，還有些城邦的市民全都被當成奴隸賣掉。附帶一提，當時在舊呂底亞王國一地，以波斯方總司令身分指揮作戰的人，就是哈爾帕哥斯。

## 埃及歸入波斯帝國麾下，竟是因為一場誤判的政治婚姻

居魯士戰勝了呂底亞王國，統治包含希臘殖民城邦在內的整個安那托利亞半島。另外他還順勢攻陷新巴比倫王國巨大的首都巴比倫。換句話說，在分立的四王國當中，除了埃及，其他三王國都歸於一統。

然而在此之後，居魯士在與斯基泰人同體系的勇猛民族——馬薩革泰人（Massagetae）戰鬥時喪命。馬薩革泰人的女王托米麗司（Tomyris），因為兒子遭到波斯方謀殺而深感怨恨，於是就找出居魯士的遺體、割下首級，浸在裝滿人血的革囊裡，說：「就讓你喝血喝個痛快吧。」

原本居魯士就已將部分統治權，轉移給兒子岡比西斯（Cambyses），所以帝國的運作沒有受到阻礙。岡比西斯反倒計畫將版圖擴大到埃及。

順帶一提，《歷史》以極為龐大的篇幅，詳細記載埃及的歷史、地理、政治、習俗和其他相關知識，可以佐證內容是希羅多德親身走訪和見聞而來。雖然本書不得已省略，但《歷史》不只是記述波希戰爭，它也將古代世界的實情傳達給今天的人，以這層意義來說，也是很寶貴的文獻，先記得這一點絕對不吃虧。

回到主題，岡比西斯國王著手遠征埃及，原因在於自己策劃的政治婚姻是樁錯誤。當時

的埃及國王阿瑪西斯（Amasis）以下犯上，從先王阿普里斯（Apries）手裡篡奪王位。後來岡比西斯派出使者，想要娶阿瑪西斯的女兒。阿瑪西斯考量到對方要求的是納妾、而不是嫁為王妃，於是就以先王阿普里斯的女兒妮特提斯（Nitetis）冒充自己的女兒，送到波斯。

然而，對妮特提斯來說，阿瑪西斯是生父的敵人，所以她就立刻將事實告知岡比西斯。岡比西斯聞言大怒，覺得自己遭到愚弄，於是就決定遠征埃及。

面對這個局勢，埃及方認為只要同盟國希臘派出援軍，就可以擊退敵人。然而，趕來當地的希臘軍傭兵隊長對阿瑪西斯不滿，便倒戈到岡比西斯方。波斯軍以他為嚮導，攻入埃及，最後埃及首都孟斐斯（Memphis）便淪陷了。

於是，波斯帝國不但擁有整個亞細亞，連埃及也置於統治之下，所謂的古代東方世界就歸為一統。

## 瘋狂的岡比西斯國王

這時的岡比西斯志得意滿，再制訂出三個遠征計畫，目標是腓尼基人的殖民地迦太基（Carthage，現突尼西亞）、衣索比亞及沙漠都市安曼（Amman）。然而，以上計畫皆以慘敗告終。

大約從這時起，岡比西斯的精神顯然出現異常。他試圖揣測波斯人民怎麼看待國王，就拿箭射殺親信普列克撒司佩斯（Prexaspes）的兒子。還有一次，他把十二名無罪的波斯人，將脖子以下的身軀埋起來再殺掉（譯註：中譯本為「頭朝下給活埋了」，幾個英譯本則是兩種說法都有）。他夢見胞弟司美爾迪斯（Smerdis）篡奪王位，就命令普列克撒司佩斯暗殺手足，就連責難此事的胞妹也遭到殺害，諸如此類不一而足。而岡比西斯為了餘興取樂，甚至挖開外國人的墳墓，愚弄和破壞神廟，也是家常便飯。

這樣的狂態廣為人知之後，謀反的形勢當然就逐漸高漲。於是，身為神官的瑪哥斯僧兄弟就乘機叛變。原本哥哥是岡比西斯國王的親信，負責在國王遠征埃及期間留守國土。弟弟則與之前遭到殺害的國王胞弟司美爾迪斯極為相像，就連名字也是「司美爾迪斯」。於是哥哥讓弟弟坐在王位上，宣布：「此後你們不應聽從岡比西斯陛下，而應聽從司美爾迪斯陛下的命令。」

雖然謀反得匆促，卻很有效。岡比西斯國王在埃及聽說這件事後非常傷心，認為是殺害弟弟而遭到天譴，便任由傷口長出壞疽而死。他在位期間為七年五個月。

當然，瑪哥斯僧兄弟的陰謀很快就敗露了。這時出生於波斯的賢人歐塔涅斯（Otanes）挺身而出，他召集六個值得信賴的同伴，包含之後繼任波斯王位的大流士（Darius），總計七人闖進王宮，暗殺那對兄弟。

波斯的國民也知道他們的行動，陸續屠殺城市中毫無瓜葛的瑪哥斯僧，再將這一天定為「瑪哥斯僧屠殺節」（Magoponia），每年盛大慶祝。

## 要民主制？寡頭制？還是獨裁？投票決定！

問題在於波斯帝國的將來。岡比西斯國王沒有兒子，如果要立某個人為政治領袖，就需要確立新的政治體制。

於是以歐塔涅斯為中心的七個人，就協議相關事宜。他們列舉民主制、寡頭制和獨裁制這三種政治體制作為選擇，由三方發表三種議論。開頭由主張完全民主制的歐塔涅斯發言，他針對「不能製造獨裁者」展開以下的論點：

「你們已經看到岡比西斯驕傲自滿到什麼程度，而你們也嘗過了瑪哥斯僧那種旁若無人的暴虐。當一個人願意怎樣做便怎樣做、自己又可以對所做的事毫不負責的時候，這種獨裁的統治又有什麼好處？把這種權力給世界上最優秀的人，他也會脫離他過往的正常心境的。他擁有的特權產生了驕傲，而人們的嫉妒心又是一件很自然的事情。這雙重的原因便是在他身上產生一切惡事的根源。（略）本來一個具有獨裁權力的君主，既然可以隨心所欲的得到一切東西，那他應當不會嫉妒任何人；但是在他和國民打交道時，情況卻恰恰相反。（略）。如果你只是適當的尊敬他，他就會不高興，說你侍奉他不夠盡心竭力；如果你真的盡心竭力的話，他又要罵你巧言令色。

「（略）他破壞父祖相傳的風俗，他強姦婦女，他可以不經審判而任意誅殺人民。不過，相反的，人民統治的優點首先在於它最美好的聲名，那就是在法律面前，人人平等。其次，那樣也不會產生一個國王所易犯的任何錯誤。一切職位都由抽籤決定，任職的人對他們任上所做的一切負責，而一切意見均交由人民裁決。

「因此我的意見是，我們廢掉獨裁政治，並增加人民的權力，因為一切事情是必須取決於公眾的。」

接著，另一位同伴美伽比佐斯（Megabyzus），則主張寡頭制：

「我完全同意歐塔涅斯所說的、反對一個人統治的意見。但是當他主張要你把權力給予民眾的時候，他的見解便不是最好的見解了。沒有比不好對付的群眾，更愚蠢和橫暴無禮的了。把我們自己從暴君的橫暴無禮統治之下拯救出來，卻又像是陷入肆無忌憚的兇暴民眾之手，這是不能容忍的事。（略）你想，既然沒有人教民眾什麼是正當的、他們自己也不能看到什麼是最好的、最妥當的，而是直向前衝，像一條氾濫的河那樣盲目向前奔流，那他們怎麼能懂得他們所做的是什麼？（略）還是讓我們選一批最優秀的人物，把政權交給他們吧。我們自己也可以加入這一批人；既然我們有一批最優秀的人物，那我們就可以做出最優秀的政策了。」

而最後，大流士則說明獨裁制的優點：

「我以為在談到民治的時候，美伽比佐斯的話是有道理的，但是在談到寡頭之治的時候，便不能這樣看他的話了。現在的選擇既然是在這三者之間，而這三者，即民治、寡頭之治和獨裁之治中的每一種，既然又都指著它最好的一種而言，則我的意見，是認為獨裁之治要比其他兩種好得多。沒有什麼能比一個最優秀的人物統治更好了。他既然有與他本人相應的判斷力，因此他能完美的統治人民，同時為對付敵人而擬訂的計畫，也可以隱藏得最嚴密。然而，若實施寡頭之治，（略）因為每一個人都想在所有人當中成為首領，都想使自己的意見占上風，結果便引起激烈的傾軋，相互之間的傾軋產生派系，派系產生流血事件，而流血事件的結果仍是獨裁之治。

「（略）再者，民眾的統治必定會產生惡意。（略）因為那些對大眾做壞事的人，是會狼狽為奸的行動的。這種情況會繼續下去，直到某個人為民眾的利益，起來鬥爭並制止了這樣的壞事。於是他便成了人民崇拜的偶像，而既然成了人民的偶像，也便成了他們獨裁的君主；在這樣的情況下，也可以證明獨裁制是最好的統治方法。」

討論到最後，七人當中有四人選擇大流士推薦的獨裁制。歐塔涅斯以「我既不想統治，也不想被統治」為由，謝絕成王的資格，留下交換條件，他要求「我和我子孫中的任何人，都不受你們中間的任何人支配」後，就當場離去。

希羅多德想要透過這場爭論，描述自己對於獨裁制的厭惡。庇西特拉圖一族長期以僭主身分君臨雅典，當時人們驅逐、流放了他們，建設嶄新的民主制國家。想必希羅多德是為了讓《歷史》東西方對決的主題更明確，才會讓兩者相互對比的同時，強調結果是由民主制獲勝吧。

## 大流士靠機詐取得王位、靠聯姻鞏固地位

下一個問題，就是由誰當王。他們同意從剩下的六人當中選拔，選拔方法則是制定某種「遊戲規則」：六個人全體騎馬遠行，日出時誰的馬最先嘶鳴，誰就登上王位。

於是大流士暗生一計。他喚來機靈的馬夫，命他設法讓自己的馬最先嘶鳴。馬夫帶大流士的馬最喜歡的母馬外出，安排兩匹馬在遠行的路上相遇。結果，大流士的馬如預期般，見了母馬就嘶鳴，那一瞬間也起了閃電和雷鳴。於是繼居魯士和岡比西斯之後，波斯帝國的新王就決定是大流士了。

大流士即位不久後做的第一件事，就是製作自己的浮雕，上面刻著一個騎馬的人像，同時刻有以下的銘文：「敘司塔司佩斯（Hystaspes）的兒子大流士，因他的馬和他的馬夫之功勛，贏得了波斯王國。」

另外，大流士還娶了上上一代國王居魯士的兩個女兒，上一代國王岡比西斯遭到暗殺的弟弟司美爾迪斯之女，以及賢人歐塔涅斯的女兒。他藉由擴充婚姻關係，讓自身威望遍及波斯全土。

《歷史》還詳細談到強權在手的大流士，將廣大的波斯帝國整頓成國家的狀況，這在了解當時的行政方法上是寶貴的資料。到此，就是全九卷當中第一卷至第三卷的內容。

第四卷以後，就描述大流士在波斯帝國確立權力基礎後，將觸手伸向未征服之地歐洲和利比亞（北非）的情況。從第五卷起，則談到與波希戰爭直接相關的事件和軼聞。波斯和希臘的戰火到底是如何點燃的？書中也詳述其經過。

## 希臘殖民城邦米利都的叛亂

先前曾提到，原本希臘系民族的殖民城邦，就遍布在安那托利亞半島的海岸線上，史稱「愛奧尼亞人」（Ionians）。大流士也將這塊地區納入統治之下，強迫他們接受貿易限制。他們剛開始也服從，後來卻越來越反感。

以這樣的局勢為背景而演變成戰爭的過程，是由多名為政者的意圖和策略所交織而成。米利都（Miletus）是殖民城邦之一，其中有個愛奧尼亞獨裁者，叫做希司提埃伊歐斯（Histiaeus）。大流士很中意這個人，將他召喚到自己的居城兼首都書珊（Susa，位在現今伊朗西南部）作為親信。於是希司提埃伊歐斯就把米利都的政務，交給自己的堂表兄弟（譯註：有些英譯本將這裡解讀為姪子或外甥）兼女婿阿里司塔哥拉斯（Aristagoras）。

正巧在同時，愛琴海納克索斯島（Naxos）的希臘殖民城邦所在地發生內鬨，資產階級的人遭到流放，亡命到米利都。阿里司塔哥拉斯就假意支援他們，謀奪納克索斯的統治權。因此，他也得到波斯帝國安那托利亞半島地區的長官——阿爾塔普列涅斯（Artaphernes，大流士國王的異母弟弟）協助。

然而，自身的傲慢最終釀成災禍，阿里司塔哥拉斯進攻納克索斯失敗。再這樣下去，波斯帝國一定會追究責任，轉眼間就讓他陷入危機。這時，人在書珊的希司提埃伊歐斯，所派

## 圖表2-2　波希戰爭相關年表

| 年 | 事件 | 動向 |
|---|---|---|
| 西元前 499 年 | 愛奧尼亞叛亂 | 雅典和愛奧尼亞等國對抗波斯。 |
| 西元前 492 年 | 馬鐸尼斯進攻 | 大流士一世派馬鐸尼斯（Mardonius）率軍至希臘。 |
| 西元前 490 年 | 馬拉松戰役 | 大流士一世發動第二次希臘遠征。雅典和普拉提亞（Plataea）聯軍對抗波斯。 |
| 西元前 480 年 | 溫泉關戰役 | 薛西斯（Xerxes，大流士一世的兒子）發動希臘遠征。斯巴達國王列奧尼達一世（Leonidas I）率「斯巴達三百壯士」抵抗。雅典淪陷。 |
| | 阿提密西安海戰 | 斯巴達的優利比亞戴斯（Eurybiades）率領希臘軍和波斯軍打海戰。 |
| | 舉辦奧運會 | |
| | 薩拉米斯海戰 | 希臘軍獲勝。 |
| 西元前 479 年 | 普拉提亞戰役 | 雅典和斯巴達聯手打波希戰爭的最後一戰。希臘軍勝利。 |
| 西元前 478 年 | 提洛同盟 | 雅典主導的國際同盟。 |

出的密使出現在他身邊，發出訊息：「要謀叛大流士國王。」

希司提埃伊歐斯與其說是拯救走投無路的堂表兄弟，不如說是掌握機會、讓自己能夠回到米利都，因為要是當地發生叛亂，就會派遣自己擔任鎮壓部隊的長官，順利恢復獨裁者的地位。

反觀阿里司塔哥拉斯則認為與其坐以待斃，不如將目標放在脫離波斯獨立，這才是唯一的萬全之計。於是他便前往斯巴達，想要獲得來自歐洲方的支援，卻馬上遭到驅逐出境，於是他下個目的地就是前往雅典。這就是波希戰爭的前哨。

## 雅典往民主制過渡，失勢的獨裁者反過頭來出賣雅典

剛好就在這時，希臘的雅典也正上演完全不同的故事。雅典流放了長期以獨裁僭主身分君臨的庇西特拉圖（Pisistratus）一族，試圖過渡至民主制。

庇西特拉圖一族的當家希庇亞斯（Hippias）遭到驅逐後，便向斯巴達求援。當時的斯巴達自命為希臘世界的盟主。雅典擁有民主制，國力日益增高，對他們來說也不樂見，於是就與希庇亞斯聯手，呼籲周圍的同盟國應當一起向雅典施壓，讓他恢復原本獨裁者的地位。

然而，周圍的同盟國雖然反對，卻保持沉默，不敢違逆強國斯巴達。這就是當時希臘社

會的氛圍。唯有同盟國之一、位在伯羅奔尼撒半島東北端的科林斯（Corinth），打破沉默、表達反對的意思。他們說出以前君臨國內的獨裁者迫害多數市民、奪走生命的經驗之後，就接著說道：

「斯巴達人啊，你們要仔細留意，不要讓自己的城邦出現獨裁者，否則其他城邦會群起效尤。獨裁者政治就是這麼回事。請慎思獨裁制度推行到希臘各國的後果。願各位明白，假如你們硬要讓希庇亞斯回去，科林斯不會承認貴城邦的行動。」

原本保持沉默的同盟各國，也趁機轉為反對的一方，斯巴達和希庇亞斯的策略就因此而受挫。

然而，希庇亞斯沒有放棄，他下一個依靠的對象是波斯帝國。前面提到米利都的獨裁者阿里司塔哥拉斯進攻納克索斯之際，向安那托利亞半島地區的長官阿爾塔普列涅斯，提出要一起戰鬥。希庇亞斯就是拜訪這位長官、中傷雅典，建議應該發動進攻，將雅典置於大流士國王和自己的統治下。

雅典得知希庇亞斯的計謀後，就派遣使者去找阿爾塔普列涅斯。阿爾塔普列涅斯卻要求：「假如雅典希望安全的話，就讓希庇亞斯回去。」雅典拒絕後，雙方的對立遂成定局。

## 波希戰爭的開端，是失意的波斯政客鼓動雅典參戰

米利都的阿里司塔哥拉斯離開斯巴達之後，剛好在這個時間點抵達雅典。雅典被阿里司塔哥拉斯說服，決議要派遣二十艘戰船作為愛奧尼亞人的援軍。從此以後，雅典和愛奧尼亞等國，與波斯帝國的軍事衝突就爆發了。

起初，戰況是由發動奇襲的雅典和愛奧尼亞方占優勢。他們占據了波斯方安那托利亞半島的據點撒狄（舊呂底亞王國的首都）後，將一切燃燒殆盡。大流士國王因為過於後悔，甚至命令一名僕人：「每逢用餐時，就說三次：『主公，不要忘掉雅典人啊！』」。

然而，國力遙遙領先的波斯，接下來就挽回劣勢。結果，他們鎮壓了進攻的雅典和愛奧尼亞軍，阿里司塔哥拉斯也在撤退中遭到擊殺。堂表兄弟希司提埃伊歐斯也在逃跑中被俘，軀體受到磔刑（譯註：古代西方的磔刑指的是將罪犯固定在柱子上、用武器穿刺身體），首級則在醃漬後送到大流士國王手中。事發之地米利都完全被波斯軍壓制，所有市民淪為奴隸。

波斯軍再次發動逆轉攻勢，陸續攻下安那托利亞半島近海島嶼的希臘殖民城邦，燒盡一切，挑選美貌的少年去勢，姿色不錯的少女則送到大流士國王所在的宮廷。另外還控制位於亞洲和歐洲邊界的赫勒斯滂海峽一帶（達達尼爾海峽附近）。再派遣使節到希臘眾城邦，命

其歸順大流士國王，於是他們全都服從了。

大流士國王的目的是進攻雅典。由安那托利亞半島地區的長官阿爾塔普列涅斯，擔任大軍的總指揮官，希庇亞斯熟知雅典周圍地勢，則擔任軍隊的嚮導。而希庇亞斯選擇布陣的地點，就是位在雅典西北部的馬拉松（Marathon）。

另一方面，雅典面對進逼的波斯軍，在交戰與否上，意見分為兩派。不過，雅典的一名將軍米太亞德（Miltiades）發表了以下的主戰論，將輿論凝聚為共識：

「雅典目前正遭受著建城以來前所未有的巨大危機，如果屈服於波斯人的話，必定會被交到希庇亞斯的手裡，那它會遭到什麼樣的命運，就顯而易見了。但如果我們國家得救的話，它就很可能成長為希臘的第一等國家。（略）現在如果我們不戰的話，我擔心某種激烈的內部分裂，將會影響和動搖我們人民的決心，直到他們對波斯人妥協；但若是在某些雅典人抱持不明智的想法之前，我們交戰的話，只要上天對我們公正，我們就很有可能取得勝利（略）。」

於是，雅典軍就和眾城邦之中唯一出兵馳援的普拉提亞軍，一起進軍馬拉松。接下來，便展開了波希戰爭的第一場大戰「馬拉松戰役」。這是西元前四九〇年的事情。

雅典和普拉提亞聯軍的兵力和武器皆遜於敵方，於是在布陣時，戰線的幅度就配合波斯軍，同時將中央部分的厚度減薄，左右兩翼則安排雄厚兵力。假如波斯軍試圖突破中央，就以左右兩側夾擊的方式對抗，結果這招奏效，波斯軍撤退了。

當時，最強大的「武器」既不是騎馬，也不是弓箭，而是步兵衝刺突擊。以往的戰爭從未出現這種攻擊，也讓戰力居於優勢的波斯軍，出乎意料之外。

逃往大海的波斯軍變更作戰計畫，想要從海路攻擊雅典未布有兵力的地方。然而雅典軍識破這一點，全速從陸路折返，趕在波斯軍來襲之前回防。波斯軍見狀就罷兵歸國，「馬拉松戰役」就此結束。以《歷史》來說，就是第六卷的記載。

## 波斯組大軍進攻希臘，希臘以海戰迎擊

接下來，便進入《歷史》的第七卷。

大流士國王在馬拉松吃了敗仗，當然怒上心頭。雖然馬上就再次準備進攻雅典，但是四年後，原本在統治下的埃及叛離波斯帝國。大流士興致勃勃的要討伐埃及和希臘兩方，卻在翌年驟逝，在位三十六年。

繼任的兒子薛西斯燃起欲望、想要奪回埃及，反而對於當時位處邊境的希臘興趣缺缺。

## 圖表2-3　波希戰爭相關地圖

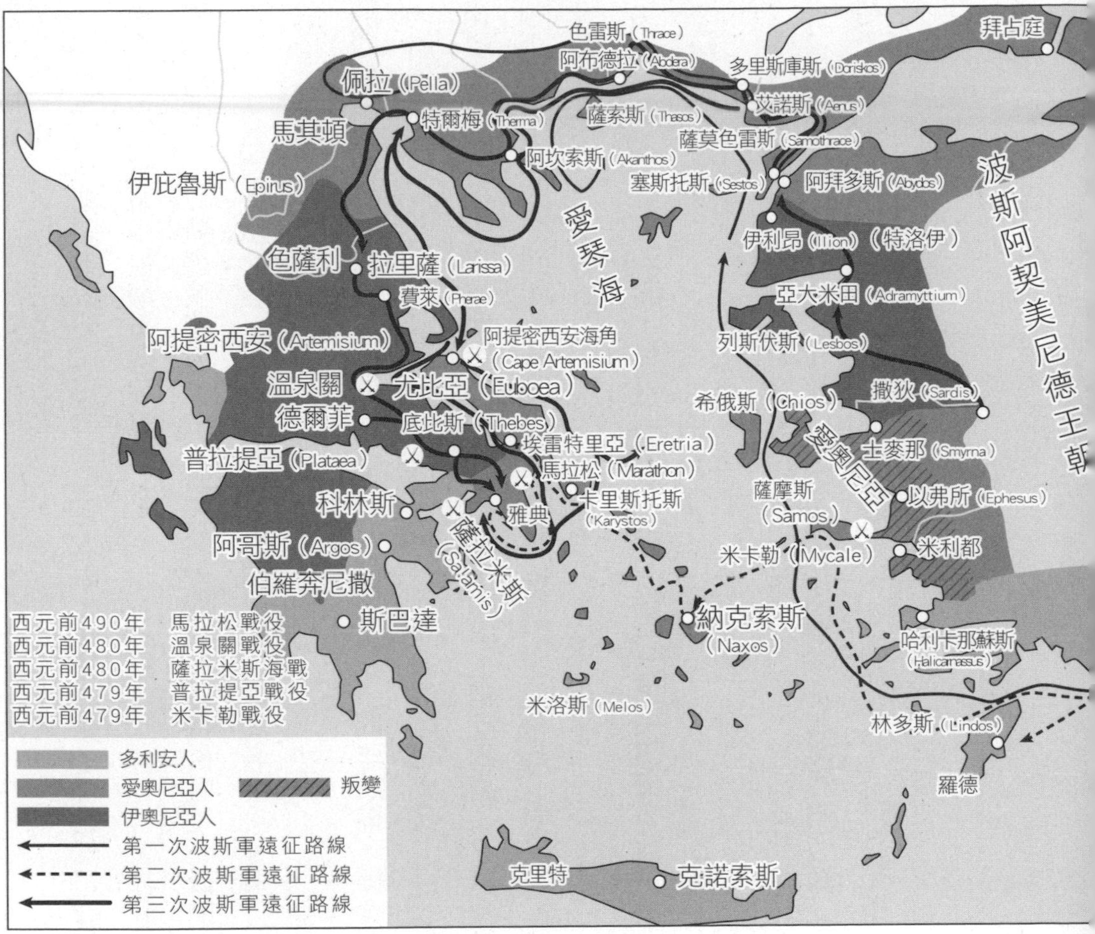

不過，將軍馬鐸尼斯讓他改變了主意，他是大流士妹妹的兒子，也是薛西斯的表兄弟，也會在後來的波希戰爭中扮演重要角色。

馬鐸尼斯之所以執著於雅典，是有原因的。他在「馬拉松戰役」以前，率領大艦隊遠征雅典之際，突然遭北風吹襲，以至於失去三百艘船艦和兩萬名士兵，損失慘重。所以他強烈期盼能捲土重來。

薛西斯斟酌他的想法之後，就決定遠征希臘，又花了四年準備，備齊規模空前的船艦和兵力。船隻四千艘以上，海軍五十萬人以上，另外陸上部隊有步兵一百七十萬人，騎兵八萬人。還要加上阿拉伯的駱駝部隊和利比亞的戰車部隊、總計兩萬人，以及從歐洲徵召的陸海兵力數十萬人。部隊既然如此龐大，甚至傳說他們所到之處為了要飲水，結果還取水取到甚至讓河川枯乾。

另一方面，希臘方聽聞，也再度驚恐起來。雅典乞求「德爾菲神諭」之後，女祭司就傳達以下這段話：

「當土地完全落入敵人之手時，難攻不落的木牆將會拯救你和你的子孫。切勿安閒等待陸路的大軍來到，而是要轉身撤退，再次反擊。神聖的薩拉米斯（Salamis）啊，待作物收成之際，你將會毀滅你的敵人。」

當時有位政治家、軍人——地米斯托克利（Themistocles），從以前就主導強化海軍的工作。他將神諭「難攻不落的木牆」的部分解讀成「應當準備海戰」，謀求眾人支持。於是就防備進犯的波斯帝國大軍來襲，讓市民拋棄房屋，帶著家財乘船、往海上避難。

另外，當時來自周圍眾城邦的代表集合到雅典，發誓要團結一致為希臘奮戰，其中還包含與雅典並駕齊驅的強力城邦斯巴達。

## 溫泉關戰役——有人為賞金出賣同胞，有人為同盟奮戰到底

不久後，波斯軍就抵達希臘中央區域，瑪里阿科斯灣（Malian Gulf）附近的翠基斯（Trachis）。希臘軍則在其西側之處的溫泉關（Thermopylae）布陣，這裡有連接希臘南北幹線的道路通過，卻也有夾在陡峭山區和瑪里阿科斯灣之間的隘路。換句話說，就是防衛上的要衝。

在這裡指揮希臘軍隊的，是斯巴達國王列奧尼達。這時斯巴達當地剛好正在舉行祭典。當時的習俗是在祭典期間停止軍隊的活動，但若以這個藉口放棄參戰，其他眾城邦就會認為斯巴達畏懼波斯軍。這不只是名譽的問題，還可能降低眾城邦的士氣，或倒戈加入波斯。

於是，列奧尼達就從有後嗣的斯巴達男子中精挑細選，組織成包含自己在內、共三百人的精銳部隊，前往戰場的最前線。他們後來就以「斯巴達三百壯士」之名流傳於後世。

另一方面，薛西斯見波斯軍隊的質與量皆遙遙領先對方，所以從布陣到戰鬥開始為止，都作壁上觀。他以為光是展現軍隊威容，希臘軍就會怯戰逃走。然而，希臘軍卻按兵不動。五天後，波斯軍等得不耐煩，便主動展開攻擊。於是在西元前四八〇年，從「馬拉松戰役」算起的十年後，「溫泉關戰役」開打了。

波斯軍以壓倒性的人海戰術蜂擁而來，希臘軍的列奧尼達，則將敵軍引誘到隘路之後再反擊，他們活用溫泉關的地利全力作戰，使得戰鬥陷入膠著狀態。後來，當地人通敵，改變了戰況。那個人覬覦獎金，將溫泉關的捷徑告訴波斯軍隊，要他們繞到對峙的希臘軍背後。

希臘軍也察覺到這個動向，然而原本就寡不敵眾，再加上隘路前後要是遭到攻擊，就只能等死，使得士兵一下子都慌了手腳。

然而，這時列奧尼達做了重大的決定，他解散眾各城邦的部隊，讓這些人各歸故里。剩下的除了斯巴達三百壯士之外，還有志願部隊一千至兩千人左右。雖然他們可以放棄任務撤退或投降，卻不願意那樣做。

當然，即便他們沒有勝利的機會，卻仍抵抗到底，據說他們戰鬥到槍和劍都折斷之後，還繼續用手和牙齒不斷作戰。反倒是波斯軍害怕白刃戰而後退，最後甚至改用弓箭攻擊，飛箭多到足以蔽天。結果，以列奧尼達為首的希臘軍隊幾乎全員陣亡。不過，波斯軍隊也損失慘重，戰死的人數達到兩萬人，數量將近前者的十倍。

這場戰役中陣亡的勇士都葬於溫泉關，除了希臘軍的墓碑之外，還為斯巴達士兵建了墓碑，上面刻著以下的銘文：

「過客啊，請告訴斯巴達人，我們按照約定、在這裡長眠了。」

## 阿提密西安海戰——靠賄賂促成的戰爭

就在溫泉關戰役的同時，其他希臘軍和波斯軍也在海上對峙。戰鬥的地點是阿提密西安海峽（Artemisium Strait），位於希臘本土的東側，隔著尤里普斯海峽（Euripus Strait）、在尤比亞島（Euboea）的北邊，史稱「阿提密西安海戰」。

希臘軍的規模總計有三百艘船左右，以雅典的一百二十七艘最多。然而，指揮全軍的不是雅典，而是斯巴達的優利比亞戴斯。當時希臘世界的盟主是斯巴達，要是讓雅典人位居龍頭，其他眾城邦就會反感，倒戈的可能性很高。

不過，上演這一戰的是雅典。開戰前，希臘軍面對波斯軍超過一千艘的大艦隊，發現沒有勝算，於是就研議撤退。他們打算放棄尤比亞島，籌畫「本土決戰」。

這下尤比亞島的居民麻煩大了。雅典軍人地米斯托克利，先前提倡讓雅典市民避難到海上，於是島上居民就和他商量。假如能夠留下來作戰而不撤退，就付給他三十個塔冷通（英文是 Talent，貨幣單位，希臘文為 *talanton*）。

地米斯托克利收下這筆錢，將其中的五個塔冷通給了優利比亞戴斯，假裝錢是自己出的。另外，聯軍之中有個來自科林斯城邦的有力將領持撤退論，地米斯托克利則送給他三個塔冷通，促使他改變心意。於是希臘軍就留在阿提密西安了。

另一方面，波斯軍則心生一計。首先讓部分艦隊從尤比亞島的東側南下，接著就從島嶼的南端北上到尤里普斯海峽，再在阿提密西安海峽夾擊希臘軍。

然而，這次的作戰卻不如人意。正巧當晚風暴大作，航行中的艦船在狹窄的尤里普斯海峽處處觸礁。低迷不振的希臘軍聽到這個消息，士氣一下子高漲。然而，這件事也鼓舞了待命中的波斯軍，他們害怕惹火薛西斯國王，轉而積極勇敢攻擊。

兩軍激戰之際，正好也是陸地上爆發溫泉關戰役的那一天。波斯軍在數量上占壓倒性優勢，隊列卻因為人員太多而混亂，還衝撞到自己人。當然，希臘軍的損失也很大，主力雅典艦隊有半數損傷。即使如此，也依舊驍勇善戰。

勝負是從陸戰決定的。希臘軍事先約好，陸戰部隊和海戰部隊聯手，假如陷入劣勢就互相幫忙。但在得知溫泉關的列奧尼達戰死，以及斯巴達部隊全滅之後，海戰部隊也決定從阿提密西安撤退了。

## 薩拉米斯海戰——勸不動友軍，就去騙敵軍來打

就在這場海陸大戰結束時，薛西斯國王正在溫泉關。當時希臘的城邦之一奧林匹亞，正好舉行奧林匹克祭典。眾人比賽體育和馬術的技巧，優勝者會獲贈橄欖枝編成的頭冠。聽聞此事的薛西斯驚訝的說：

「（希臘人）是怎樣的一群人啊，他們相互競賽是為了榮譽，不是為了金錢啊。」（譯註：根據《歷史》第八卷二十六節的說法，這番話出自特里坦塔伊克美斯〔Tritantaechmes〕之口。）

然而，薛西斯國王進攻的腳步沒有放慢，既然突破重大的關口，大軍就直接南下，朝雅典前進。他們接連燒毀途中的眾城邦，不斷掠奪。沒有任何城邦或人民抵抗。

另一方面，從阿提密西安撤退的希臘軍，則前往位在雅典西方的薩拉米斯島。他們讓雅

典市民去這個島上避難，強化防守。其他眾城邦也派兵馳援，薩拉米斯集結了約三百八十艘艦船，比阿提密西安還多。

結果，當波斯軍抵達雅典時，幾乎所有市民都已經避難了。以前愛奧尼亞地區發生叛變時，安那托利亞半島的據點撒狄遭人縱火，這次薛西斯想要報復，便馬上燒毀象徵雅典的衛城（Acropolis）。當時知名的「帕德嫩神廟」正在建造中，也在這時付之一炬。雅典很快就淪陷了。

當這個事情傳到薩拉米斯島後，所有人的緊張感瞬間升高。於是就在討論如何收復失土的議題上，眾城邦的軍隊代表人唇槍舌戰。

伯羅奔尼撒半島、包含斯巴達在內的眾城邦，認為下一個進攻的目標就是這個半島，主張應當將海陸部隊集結在附近的科林斯地峽。不過這就意味著要放棄薩拉米斯島，避難的雅典人免不了會有莫大的犧牲。

因此，雅典軍人地米斯托克利認為，應該留在薩拉米斯島作戰，他如此反駁：

「如果你在地峽附近的水面上作戰，那你就是在大海上作戰了。我們船隻數量比較少，在那樣的地方作戰對我們是最不利的。但若在狹窄的海面上作戰，戰況鐵定對我們有利。敵人將盡數在混亂中自滅。伯羅奔尼撒諸位的主張也必定不符合你們的利益。因為要是船隊在地峽集結，敵人的陸軍也一定會往那裡去。不應該做出愚行，將敵人引導到伯羅奔尼撒。如果留在薩拉米斯，就可以試著將敵人引入狹窄的海峽，作戰時就會擁有地利。要是我們贏了，敵軍就會失去海軍的力量，不至於只靠陸軍進軍伯羅奔尼撒。必定會從阿提卡（Attica）撤退回母國。留在薩拉米斯才合乎道理。」

雖然沒有當場得出結論，地米斯托克利卻再出新招。他派遣密使去找波斯軍的薛西斯，告知希臘艦隊陷入混亂，想要撤退到科林斯地峽。還說這麼做，是為了讓敵軍攻擊兵力薄弱的薩拉米斯島，等到打敗的時候，就可以向波斯方獻媚。

波斯軍配合這項情報，集結到薩拉米斯島周圍的海域。得知此事的希臘軍，也不得不留在薩拉米斯島。於是「薩拉米斯海戰」便就此開打。

艦船的數量上來看，波斯軍約為對方的兩倍，結果卻是希臘軍獲得大捷。波斯軍的船艦損傷兩百艘以上，希臘軍的損失則在四十艘左右。與希臘本土之間狹窄的薩拉米斯水道，成了決戰的舞臺，而波斯軍是由多民族組成的大艦隊，行動和統率都無法揮灑自如，是慘敗的一大原因。希臘軍的作戰，可以說是成功的。

薛西斯從頭到尾將這場海戰看在眼裡，認清自己戰敗後，就回到波斯帝國的首都書珊。持主戰論的將軍馬鐸尼斯，則與三十萬兵力一起留在希臘。

## 普拉提亞戰役致勝關鍵：我不是撤退，只是往後走了一點

馬鐸尼斯受託執掌軍隊後，就暫時撤退到希臘本土中部的色薩利，並重新派遣使者到雅典去。雖然在薩拉米斯海戰中大敗，波斯方的軍事能力仍占壓倒性優勢。所以他提出條件，只要投降帝國，就既往不咎。不過，他也擺出軍隊再次南下的態勢。

相形之下，雅典則展現出拒絕到底的態度。市民們再次拋棄家園，為了避難而開始往薩拉米斯島移動。另一方面，隨著雅典向斯巴達和其他眾城邦請求支援，也就顯示他們可能會為了保護民眾，而不得不依附波斯方，屆時，也極有可能演變成波斯和雅典聯軍，攻擊伯羅奔尼撒半島的事態，造成「威脅」。

這時，斯巴達對於雅典請求支援的反應模稜兩可，同時科林斯地峽的防禦用圍牆，也正在建造中。但若雅典的艦隊從海上攻過來，就失去了建牆的意義了，於是就下定決心，再次與雅典合作對抗波斯。其他沒有歸順波斯方的眾城邦，也繼續和斯巴達同盟。

於是，希臘軍再次集結於雅典西北部的普拉提亞，兵力總計達十一萬人。另一方面，馬鐸尼斯率領的波斯軍，則是之前的三十萬人和希臘方加入的五萬人，總計約為三十五萬人。兩軍隔著流經當地的阿索波斯河（Asopos）對峙，這就是波希戰爭的最後一戰「普拉提亞戰役」，發生於西元前四七九年、薩拉米斯海戰的翌年。

數量上是波斯軍占壓倒性優勢，士氣面則是希臘軍較有利。有個軼聞就說明了這種差距，馬鐸尼斯在十天的膠著狀態之後，為了打破僵局而召開作戰會議。因為隨著時間經過，憂心希臘未來的部隊，就陸續集結加入希臘軍。

席間，一名有力指揮官阿爾塔巴佐斯（Artabazus）提出以賄賂作為解決之道，把軍隊帶來的金銀財寶，送給每個希臘軍的重要人物，讓敵人從內部崩潰。反過來說，單憑這點就表示希臘軍極為團結，對於波斯軍來說是個威脅。

然而，馬鐸尼斯否決這個提案。結果，阿爾塔巴佐斯就立刻連同麾下四萬名士兵脫離隊伍，直接回到波斯。

正式的戰鬥是從一個誤會開始的。第十一天，波斯軍開始攻擊，希臘軍卻破壞了用來飲用的泉水。就算是希臘軍，沒有水也不能作戰，於是在當天夜裡，他們就趁波斯軍沒注意的時候，稍微退到後方。只有斯巴達軍不肯趁著深夜行動，直到黎明都還留在前線。

翌日，馬鐸尼斯誤以為眼前的希臘軍消失是「撤退」，於是下令全軍渡河和總攻擊。留到最後的五萬名斯巴達軍擋在那裡，壯烈的戰鬥於焉展開。

雖然斯巴達軍占極少數，卻穿著重裝備，訓練度和士氣都很高，與波斯軍的戰鬥勢均力敵。另一方面，據說馬鐸尼斯親自率領最精銳的一千名士兵在前線作戰，並獲得軍隊中最大的戰果。

然而，馬鐸尼斯卻因為斯巴達兵扔擲石頭攻擊而戰死（譯註：扔擲石頭的記載未見於《歷史》，但可參考蒲魯塔克《希臘羅馬英豪列傳》第九篇第一章第十九節）。波斯軍失去指揮官後陷入混亂，逐漸遭到壓制。尤其是在純波斯人部隊開始有人敗逃之後，異族部隊也同時喪失戰意，不戰而潰。所有戰力最後就只剩下波斯人部隊。

因此勝負立判，波斯軍當中回到帝國的士兵，除了阿爾塔巴佐斯率領的四萬人之外，其餘不到三千人，反觀希臘軍的陣亡人數則不到兩百人。

## 富者搶奪貧者的愚蠢戰爭

斯巴達軍在普拉提亞戰役中拚命戰鬥，想必也是為了替先前在溫泉關戰役喪命的先王列奧尼達復仇。全軍的指揮官保薩尼亞斯（Pausanias）是列奧尼達的姪子，也是列奧尼達之子暨時任斯巴達國王普列司塔爾科期（Pleistarchus）的監護人。

關於保薩尼亞斯，《歷史》提到了他譏諷敵軍的軼聞，作為這場戰役的總結。

在奇蹟勝利之後，保薩尼亞斯就去視察敵將馬鐸尼斯居住的館邸，發現裡面放著許多金銀器物和其他華麗的日用品。帝國國王薛西斯在薩拉米斯海戰敗北回國之際，就把帶來的物品統統交託給馬鐸尼斯。

保薩尼亞斯要求留在館邸的烤麵包匠人和廚師，提供他們平常給馬鐸尼斯的餐點，作為餘興。結果在金銀的桌子和豪華的餐具上，盛滿了山珍海味。接著，他開玩笑的要自己的僕從準備故鄉斯巴達的餐點。結果這頓飯顯得很寒酸，與馬鐸尼斯餐點的落差一目瞭然。於是保薩尼亞斯集合其他將領，笑著說：

「希臘人啊，我把你們召集到這裡來，為的是想要你們看一看波斯領袖的愚蠢；一個每天吃著你們眼前這樣的飯食、生活奢華的人，卻跑到我們這裡來，想要奪取我們這樣可憐的飯食。」

第三章

# 民主讓國家興，眾愚卻讓國家亡

雅典擺脫僭主、採行民主制後，國力遠遠超越鄰國，
但自私的領袖煽動市民，讓他們失去冷靜，選擇了衰敗的道路。

就如前一章所見，希羅多德的《歷史》是一部宏大的故事，講述以雅典和斯巴達為中心的希臘城邦，是怎麼為了大局而團結起來，打敗當時世界最大且最先進的波斯帝國。其中也描寫了雅典剛開創的民主主義光輝、青春而強大。例如以下這一節：

「雅典的實力就這樣強大起來了。所謂的自由平等，不是在一個點，而是在所有點上證明了它有多重要。因為當雅典人在僭主的獨裁統治下時，雅典人在國力上並不比他們近鄰的任何國家強大，可是一旦他們擺脫了僭主的桎梏，他們就遠遠超越了鄰國，成為最強的國家。這一點便表明，當他們受壓迫的時候，就好像是為獨裁者做工的人們一樣，他們是故意展現怯懦的舉止；但是當他們自由的時候，每一個人就都充滿幹勁、盡心竭力的為自己做事情了。」

這正是希羅多德更想要訴說的事。

然而，之後希臘世界就突然迎向混亂和沒落的時代。雅典和斯巴達的盟主寶座之爭越來越激烈，終於演變一場宛如泥沼般的戰爭——「伯羅奔尼撒戰爭」。尤其是雅典，藉由「波希戰爭」的勝利迎向全盛期，但幾十年後就要面臨莫大的犧牲和存亡的危機。

與希羅多德齊名的古代歷史學家修昔底德，他的《伯羅奔尼撒戰爭史》一五一十的詳細記錄這段經過，書中主要描述的是雅典和斯巴達的戰爭，但也是民主制和寡頭制的戰爭。

然而實際上，**堅守民主制的雅典內部，狀況也會因為領袖的思想和言行而有大幅度的變化。偏重私利私慾的領袖煽動市民，讓他們失去冷靜，選擇顯然有害國家的道路。**這是民主制的恐怖之處，但這也正是修昔底德最想訴說的事，為了支持自己的主張，《伯羅奔尼撒戰爭史》才會記載種種事件和戰爭。

## 與希羅多德《歷史》互為對比的雅典沒落紀錄

修昔底德是雅典人，也是在伯羅奔尼撒戰爭中率兵的將軍之一。依照書中開頭的描述，他從戰爭發生當初，就預期到會發展成重大事件，並開始記錄。可是雅典追究他戰爭失敗的責任，將他流放到國外，往後二十年不許他回國，直到雅典成為敗戰國為止。或許他反而因此從外界觀察伯羅奔尼撒戰爭，才能冷靜的記錄所有經過。雖然書中內容不像希羅多德的《歷史》一樣明朗暢快，相較之下書裡一直在談陰暗的內戰，卻盡量正確記述，由此可以窺見他的態度是想對後世有所助益。

《伯羅奔尼撒戰爭史》和《歷史》一樣是宏大的巨作，後世的學者將之分為全八卷。雖然在此無法完整介紹這部大作，不過以下會摘錄精華，追溯當時希臘世界的變遷。

## 雅典和斯巴達兩強對立，其他國家選邊站

第一卷記錄了約五十年的經過，始於西元前四七九年的波希戰爭勝利，到西元前四三一年伯羅奔尼撒戰爭開打。

《伯羅奔尼撒戰爭史》從希臘成長的歷程，談到波希戰爭的始末後，也描述到曾出現在《歷史》末尾的保薩尼亞斯。保薩尼亞斯是斯巴達人，波希戰爭時是希臘聯軍的總司令官。雖然在《歷史》中，他是戰爭勝利的核心人物，但《伯羅奔尼撒戰爭史》卻指出他性格粗暴。普拉提亞戰役之後，他遠征到巴爾幹半島東端的拜占庭（Byzantium，現伊斯坦堡）並統治該地，與其說是戰爭指揮者，表現得更像是僭主。所以，除了以斯巴達為中心、伯羅奔尼撒半島出身的軍官之外，其他人都疏遠了他。

批判他的急先鋒，是位在安那托利亞半島西南部、愛奧尼亞地區的眾多國家。他們才剛剛擺脫波斯的統治，為了避免自己被置於斯巴達屬國的立場，就尊雅典為盟主，作為對抗勢力。於是斯巴達就將保薩尼亞斯召回本國、解除職務，把總司令官的地位交給雅典派出的人選。從此以後，雅典在希臘的權力就大幅增長。

「提洛同盟財政官」這個官職，就象徵了這一點。西元前四七八年左右，波希戰爭最後

的大規模衝突「普拉提亞戰役」勝利後不久，為了防範波斯帝國再次進攻，就由雅典主導締結國家之間的同盟。由於作為總部的財政局，是設置在愛琴海南部的提洛島，所以史稱「提洛同盟」。這個同盟為了強化軍力，同盟各國要籌措年賦，雖然徵收和管理年賦是財政官的工作，但一切職位卻由雅典人獨占。

另一方面，斯巴達則發生完全不同的問題。國有奴隸和半自由人（珀里俄基人，是比奴隸自由，卻沒有公民權的原住民）掀起叛變，據守山頭。

斯巴達為了鎮壓叛變，就請求包含雅典在內的眾多同盟國援助。然而，斯巴達唯獨對趕來的雅典軍，唐突提出解除任務的要求，打發他們回國。雅典方一怒之下，就廢除與斯巴達的同盟條約。從此以後局面演變成雙方對立，一方是以斯巴達為盟主、由伯羅奔尼撒各國建立的同盟，另一方則是支付年賦給雅典的提洛同盟各國。

## 希臘的民主是為了逼富人繳稅，不想繳的就去支持敵方斯巴達

雅典利用年賦、努力強化本國軍隊，並徹底向同盟各國徵收貢款，一旦違抗就派遣軍隊要對方歸順，態度可謂嚴厲。他們特別致力於強化海軍，穩固地中海海域的制海權。

另外，雅典就如希羅多德在《歷史》中所稱讚的，政體是民主制，即使對於同盟各國，

也會灌輸民主制。然而，這不見得是追求現代所指的民主主義的結果。

藉由「人民解放者」的美名推翻過去的寡頭制體制，會有很大的財政優勢。假設要從國庫支付巨額的年賦給雅典，資金來源就是稅金。然而說到支付稅金的是誰，則是這個國家特權階級中的富有階層。在寡頭制的政治體制中，他們擁有政治權力，也可以拒絕支付。但如果是民主制，民眾的壓力就會讓越富有的階層，繳納越多的稅金。

換句話說，對雅典而言，民主制的政體越是擴散，就越能奪取同盟國的財富，便可藉此提升國力到同盟國無法比擬的程度。

但如果情況再這樣持續下去，富有階層就出不了頭，又因為斯巴達能對抗雅典，於是他們就向斯巴達求救。如果是斯巴達的同盟國，就不用徵收年賦，所以他們希望樹立遵從斯巴達方針的魁儡政權。

於是希臘民族就呈兩極化發展，一邊是以雅典為中心的民主制諸國，另一邊是以斯巴達為盟主的寡頭制諸國。但無論是哪一種政體，實際上可說是近似於雅典或斯巴達操控的傀儡政權。

這個狀況為整個希臘帶來陰影。兩大強國激烈爭霸，也形成寡頭制和民主制的衝突，富有階層和窮困階層造成相爭的局勢。另外，同盟國之間也爆發內鬨，有的只是奪取和被奪取的消耗戰。

## 「伯里克里斯時代」到來，雅典迎接全盛期

在《伯羅奔尼撒戰爭史》的第二卷，出現了一位雅典政治家、將軍——伯里克里斯，他正是建立民主制雅典極盛期的人物。

伯里克里斯出現在歷史舞臺上之前，雅典別說是施行民主制，就連舊貴族勢力也仍握有強大的政治權力，其中一人便是就任將軍職的西蒙（Cimon）。他也是以提洛同盟總指揮官身分與波斯帝國對峙，建立戰功的英雄。

然而，在前面提到的斯巴達國內叛亂時，率領雅典軍馳援的也是西蒙。當時只有雅典軍被打發回國，由於西蒙一開始就獨排眾議行軍，這件事便使他失勢了。西元前四六一年，西蒙就在陶片放逐制（這個制度是為防僭主出現，投票決定並放逐可能成為僭主的人物。由於陶片上刻著當事人的名字，故有此稱）之下遭驅逐出境（譯註：西蒙失勢的部分未見於《伯羅奔尼撒戰爭史》，但可參考蒲魯塔克《希臘羅馬英豪列傳》第十三篇第一章第十六節和第十七節）。

就在這片混亂當中，與貴族派對立的民主派得勢，成功剝奪貴族派的權限。民主派的有力成員之一就是伯里克里斯。西元前四四三年，伯里克里斯獲選為將軍，此後直到西元前

四二九年為止，整整十五年都擔任這個職位。這段期間他將貴族派的權限移交給市民，推動民主化，締造雅典的全盛期，所以又稱為「伯里克里斯時代」。

另外在這時，波斯帝國的威脅也減弱不少，所以伯里克里斯就把提洛同盟的據點從提洛島轉移到雅典，將徵收到的龐大年賦用於雅典國內的發展。其典型的例子之一，就是建造今日仍現存、知名的帕德嫩神廟，想必這一定是在提升雅典權威的同時，也作為公共設施、豐富雅典市民的生活。而且伯里克里斯還積極扶植戲劇、雕刻及其他文化和藝術領域（譯註：這段未見於《伯羅奔尼撒戰爭史》，但可參考蒲魯塔克《希臘羅馬英豪列傳》第五篇第一章第十二節和第十三節）。

當然，這會招來提洛同盟各國對雅典的不滿，其中還出現有國家脫盟的情形，提供協助的就是強大的另一方斯巴達，雙方對立遂成定局。一邊是以雅典為中心的提洛同盟，另一邊是以斯巴達為中心的伯羅奔尼撒各國，最後演變成從西元前四三一年開始、席捲整個古希臘世界的伯羅奔尼撒戰爭。

斯巴達為防範雅典勢力擴大，就以擅長的陸戰發動戰爭。他們進攻雅典的阿提卡地區，騷擾對方領地，削減農業生產力。但斯巴達也是農業國，秋天必須讓士兵撤退、收成作物，所以每年都以同樣的方式反覆進攻，意圖以長期戰奪走雅典的國力。

## 圖表3-1　伯羅奔尼撒戰爭相關年表

| 年 | 事件 | 動向 |
|---|---|---|
| 西元前 431 年 | 進攻阿提卡 | 斯巴達（伯羅奔尼撒同盟）進攻阿提卡（提洛同盟）。 |
| 西元前 429 年 | 伯里克里斯死去 | 雅典因為瘟疫而失去城內六分之一的公民，伯里克里斯也罹病而亡。 |
| 西元前 428 年 | 列斯伏斯島事件 | 島上眾城邦背叛雅典，向斯巴達求援。克里昂（Cleon）崛起。 |
| 西元前 427 年 | 克基拉島內戰事件 | 島內的親雅典派（民主派）與親斯巴達派（寡頭派）對立。 |
| 西元前 425 年 | 派婁斯戰役、斯法克特里亞戰役 | 雅典勝利，權力往克里昂集中。 |
| 西元前 423 年 | 修昔底德因陶片放逐制被驅逐出境 | 追究色雷斯地區被奪去的責任。 |
| 西元前 422 年 | 安菲波利斯戰役 | 克里昂為了要搶回安菲波利斯（Amphipolis）而遠征，遭到俘虜並處死。 |
| 西元前 421 年 | 尼西阿斯和約 | 由雅典主和論者尼西阿斯（Nicias）和斯巴達國王普雷斯托納克斯（Pleistoanax）簽訂。 |
| 西元前 415 年 | 雅典發動西西里遠征 | 為了阻止斯巴達方的城市敘拉古（Syracuse）勢力擴大而遠征。但有一名司令官阿爾西比亞德斯（Alcibiades）叛逃到斯巴達。 |
| 西元前 404 年 | 雅典投降 | 伯羅奔尼撒戰爭結束。 |

## 敢與市民唱反調迎來巔峰，討好民眾卻讓雅典衰敗

相形之下，統率雅典的伯里克里斯則讓市民在城牆內避難，以固守城池來應變。這裡有幾個深謀遠慮之處，首先是避免斯巴達擅長的陸戰。另一方面，由於海軍威力遙遙領先，所以只要從海上入侵伯羅奔尼撒各地，騷擾沿岸區各處，就可以進行有效益的報復。另外，斯巴達國內還有國有奴隸和周邊住民的問題，不適合打長期戰。

再加上，雅典受益於來自提洛同盟的年賦，而包含斯巴達在內的伯羅奔尼撒同盟基本上是自主獨立的。換句話說，在經濟能力上也有壓倒性差距，要是演變成長期戰，的確就有利於雅典。其中還考慮到，即使農地被斯巴達破壞，降低國內的生產力，但與地中海各國的貿易也足以彌補，活絡商業在財政面上反倒也是個好處。

然而市民們被關在城牆內，任由敵人破壞農地，也對伯里克里斯日益不滿。而且城內發生瘟疫，陸續出現病倒的民眾。於是，這時他就呼籲市民：

「（略）各位，你們以為我們只掌控了我們的同盟諸國，但是我希望各位能以更廣的視野來看。目前的整個世界可以分為兩部分：陸地和海洋；每個部分都是對人有價值和有用的。這兩部分中，其中整個海洋是在你們控制之下，你們是無敵的王者。（略）你們有了目

前的海軍，世界上沒有一個民族能阻撓你們航行到任何想去的地方——波斯國王不能，世界上任何人民也不能。（略）應當把這些和你們真正的財富衡量一下，陸地的財富就像是小果樹園，只不過是用黃金就能換到的稀少財產。失去這些，一點也不以為苦。你們也要知道，如果我們確保真正的力量，保全自由直到最後勝利為止，會使我們很容易的拿回昔日所失去的；但是如果屈服於他國的話，這就意味著我們也會喪失現在還擁有的東西（以下略）。」

（譯自《伯羅奔尼撒戰爭史》，中央公論新社中公 classics 書系，以下同。）

伯里克里斯是清廉無私的政治人物，擁有非凡的見識，市民深深信賴這位掌握實權的人。這份信賴的背後不是迎合市民的意圖，而是經常依照自身的思想信條和方針引導市民。另外，從這一節亦可看出，他很擅長演講。演講內容格調高超，具有說服力，即使在今天，也是歐美政治人物的榜樣。換句話說，當時的雅典雖然標榜民主制，實際上卻也是由一名德性和見識兼優的領袖所維繫。

但是在此之後，瘟疫越發蔓延，只能生活在密閉空間的市民犧牲了約六分之一。對於伯里克里斯的責難越來越激烈，最後還解除了他的將軍職。

然而，市民看到繼任者工作的情況，便再次體認到伯里克里斯是優秀的領袖，要求讓他恢復將軍職。雖然伯里克里斯接受職位，但他不久後就罹患瘟疫，沒有看到伯羅奔尼撒戰爭終結就去世了。這是西元前四二九年、開戰兩年六個月後的事情。

後來登場的領袖個個皆是凡庸之輩，所以才會為了博得聲望而諂媚市民，即使在決定政策時也受到民眾恣意左右。結果，當初伯里克里斯擘畫的策略統統化為泡影。每個領袖都只會沽名釣譽，追求私心，陸續推出讓國力邁向衰落和破滅的政策。

## 煽動家克里昂崛起，眾愚在雅典蔓延

第三卷以後，主題就變成雅典在伯里克里斯過世後，變得多麼眾愚。內容則描述隨著伯羅奔尼撒戰爭的發展，之後的領袖能言善道卻沒有理念、大局觀和策略，以民主制之名讓國家衰退。

最具象徵性的事情，是在西元前四二八年、伯里克里斯死亡的翌年，發生在安那托利亞半島西端近海、列斯伏斯島（Lesbos）的事件。該島雖然是提洛同盟的一員，卻沒有臣服於雅典，是最後一個允許自治權的地區。

然而，那座島上的眾城邦背叛雅典，向交戰中的斯巴達求援。另一方面，當時雅典瘟疫損失甚大，戰爭導致的疲弊也很劇烈，所以剛開始是以外交交涉摸索解決之道。結果卻遭到拒絕，於是轉而派遣艦隊攻擊，於翌年西元前四二七年成功鎮壓。

令雅典市民驚訝的是，照理說海軍威力遙遙領先，應該能夠確保到愛琴海東端為止的制海權，卻容忍斯巴達艦隊入侵。這份驚訝轉為對叛變的罪魁禍首的憤怒，也就是列斯伏斯島的中心城邦——密提林（Mytilene）的市民。雅典市民大會做出的結論，是對他們處以嚴厲懲罰，成年男子一律處以死刑，女性和兒童則盡數為奴。

不過在翌日，就湧現意見、認為懲罰過於殘酷，於是決定重新再議。這時政治人物克里昂（Cleon）卻上臺發言。克里昂是伯里克里斯死後崛起的人物，擅長浮誇的雄辯，卻不像伯里克里斯一樣具備清廉和見識。他也是前一天提出嚴厲懲罰方針的人。

克里昂陳述如下：

「在過去，有時我常常觀察到民主政治不能統治別人，現在我看見你們對於處分密提林人的想法改變，更暴露民主主義的無能。因為在你們彼此之間的日常關係中，不受恐懼和陰謀的影響，你們便也對同盟國人採取同樣的態度。（略）你們不知道，這樣做，對於你們是危險的。（略）他們之所以服從你們，不是因為你們犧牲自己的利益，而給他們恩惠；你們的領導權依靠你們自己的優越實力，而不是依靠他們對你們的好感。

「（略）但責任在於你們，因為你們提供競爭的場合給這場惡劣的詭辯。（略）你們只是聽到一篇針對這個問題的好演說詞來估計可能性；即便事情發生以後，你們不根據自己親

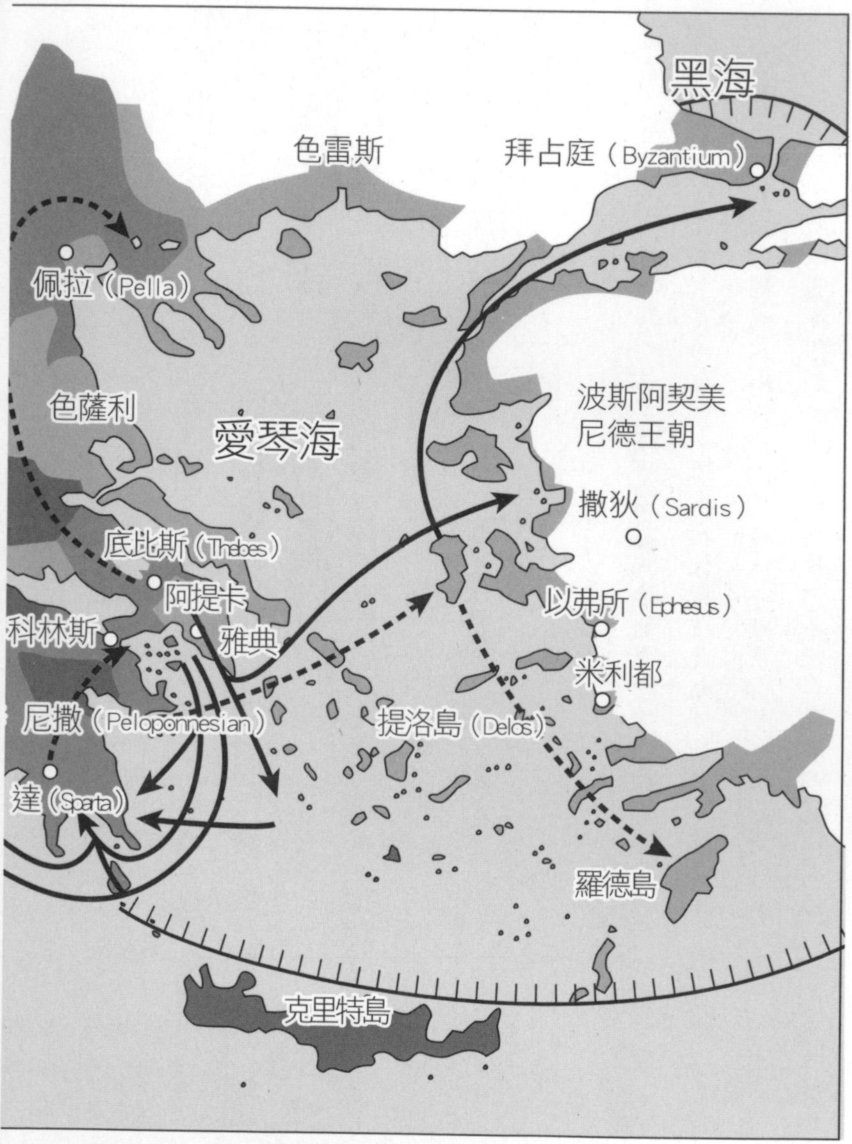
黑海
色雷斯
拜占庭（Byzantium）
佩拉（Pella）
色薩利
愛琴海
波斯阿契美
尼德王朝
撒狄（Sardis）
底比斯（Thebes）
阿提卡
科林斯
雅典
以弗所（Ephesus）
米利都
尼撒（Peloponnesian）
提洛島（Delos）
達（Sparta）
羅德島
克里特島

**圖表3-2　伯羅奔尼撒戰爭相關地圖**

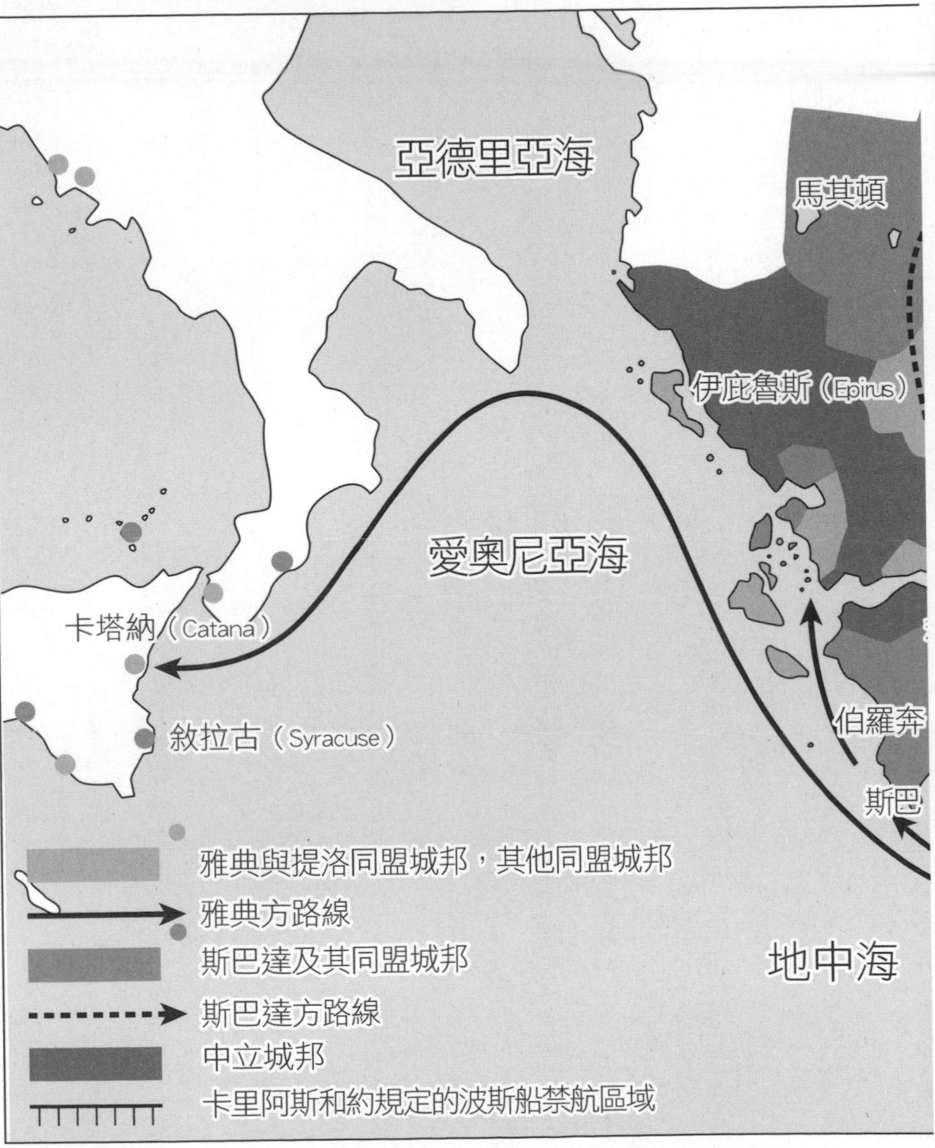

眼所看見的事實，而相信耳朵所聽到的、巧言者所說的巧妙言詞，一個新奇的邏輯馬上騙得你們信任。（略）你們的心被華麗的詞藻所奪，你們像是坐在職業演說家腳下的聽眾，而不像是討論一國存亡的人們。

「（略）現在你們想想同盟諸國的反應吧！（略）如果他們知道叛離要是成功了，他們可以獲得自由；如果失敗了，也不會有什麼可怕的後果，他們就會利用很小的藉口掀起叛亂，難道你們沒有看到這一點嗎？

「（略）因此，我們不應該為密提林人的願望滔滔不絕的辯論，以為我們會受辯論術或巨大賄賂的影響，而以他們的過錯是合乎情理為由來寬恕他們。（略）你們不應該變更以前所做的決議。憐憫、巧妙的詭辯、寬大為懷——這三者會阻礙統治國家的利益。你們絕對不能被迷惑、犯下這些錯誤。（以下略）」

換句話說，要是不用力量壓制，同盟各國恐怕又會掀起叛亂，原本決定好的事情要重新考慮，這本身就是民主主義的缺點。然而，當時由於之後的反對申辯，勉強翻轉民意，結果就撤銷極刑了。

話雖如此，等待列斯伏斯島的，還是嚴厲的戰後處置。雖然遭到處刑的只有首謀者，人數還是高達一千人。另外還拆除密提林的城牆，他們的戰船也被沒收。

再者，除了未參與叛變的麥提姆那市（Methymna）以外，整座島被分割成三千個區塊。其中三百區為神廟聖地，剩餘的區塊則以抽籤的方式提供給雅典市民，列斯伏斯島的居民多半淪為佃農，要繳納地租給來自雅典的新移民地主，才獲准耕作。

無論如何，克里昂正好稱得上是象徵當代雅典的政治人物之一。這樣的人會在民主主義中崛起，代表贊同者很多，其他政治人物也遏制不了他的辯才。克里昂後來也在伯羅奔尼撒戰爭的轉捩點中，扮演重要的「角色」，要說是他的言行讓戰爭陷入泥沼，最後將國家導向滅亡，一點也不為過。

## 克基拉島內戰事件——當人們放棄良善和正義……

列斯伏斯島事件不久後，便發生克基拉島內戰事件，這個事件也同樣記載在第三卷中。

克基拉島是位在希臘西岸近海、愛奧尼亞諸島北端的島嶼。在本書第一章介紹的荷馬《奧德賽》當中，就以「社里亞島」的名稱出現。換句話說，就是希臘將軍奧德修斯在特洛伊戰爭大顯身手後，持續在地中海漂流，好不容易才抵達的島嶼。他獲得該國公主瑙西卡的幫助，並受到她父親阿爾喀諾俄斯國王的款待，藉由他們的幫忙，才成功回到睽違十年的故鄉綺色佳。

與這則美麗的故事相反，《伯羅奔尼撒戰爭史》一語道盡了克基拉島事件的淒慘。原本這座島是提洛同盟的一員，也就是屬於雅典方，施行民主制。然而在市民之中，也有不少人支持斯巴達方的寡頭制。島內受到斯巴達和雅典兩大陣營戰爭日益激烈的餘波，親雅典派（民主派）與親斯巴達派（寡頭派）的對立也尖銳起來，終於往暴力反擊發展。

有一天，寡頭派起訴雅典派的政治人物佩西阿斯（Peithias）「煽動克基拉向雅典臣服」。當然，這是為了讓體制倒向斯巴達的策略。然而，佩西阿斯獲判無罪，於是佩西阿斯派就反過來起訴他們，要求高額的罰金。

寡頭派見狀，便訴諸武力解決。黨羽決議行動之後，帶著匕首襲擊議會，殺害包含佩西阿斯在內，大約六十名議員和一般市民。他們藉此強行奪取政權後，就鎮壓民主派的市民。另一方面，民主派承諾奴隸也能自由，好拉攏他們為夥伴，開始向寡頭派反擊。

接著，雅典派來的十二艘戰船和五百名重裝士兵抵達該地，這支軍隊的任務是讓雙方和解，結束內戰，再次將這片土地納入雅典的旗下。

然而在此之後，斯巴達方派出的六十艘戰船也抵達該地，兩方演變成海戰。起初由斯巴達方占優勢，但在收到情報、得知又有六十艘戰船從雅典航向克基拉島之後，斯巴達的戰船就避戰撤退。

雅典的艦隊抵達克基拉島後，民主派獲得雅典艦隊這個後盾，就在往後的七天內不斷鎮壓和殺戮寡頭派。雖然名義上是「合謀推翻民主派」的處罰，實際上卻恣意以私怨、掠奪、欠債不還及其他各種理由胡亂殺人。另外，甚至還出現殘忍的殺戮法，是把人埋進神殿牆壁中（譯註：《伯羅奔尼撒戰爭史》中譯本和英譯本中，是用圍牆將人關在神廟中等死，稍有不同）。寡頭派之中也有許多人明白，自己早就沒有生還的希望，便自殺身亡。

這起事件對整個希臘世界影響甚大，各地頻頻發生同樣的內戰，只要民主派和寡頭派雙雙奮起，對政敵行使武力，就可以獲得來自雅典軍和斯巴達軍的援助，以有利的條件鬥爭。上述的案例，就是因這起事件所導致。

而且，煽動憎惡和仇恨之心，只會變得更激烈和殘虐。要說整個希臘世界是因此耗損殆盡的，也一點都不為過。關於這一點，修昔底德在《伯羅奔尼撒戰爭史》中，就談到「連詞句的意義也改變了」：

「過去被看作是盧莽的侵略行為，現在被視為是對黨派有利的勇敢；考慮將來而等待時機，被看作是懦夫的別名；沉著是膽小鬼的藉口；從各方面了解問題，就等於是不採取任何行動。相反的，隨心所欲的計畫反而增添男子氣概；以策安全而謀畫策略，卻被認為是悅耳的拒絕話術。凡是主張激烈的人總是被信任；凡是反對他們的人總是受到猜疑。陰謀成功是智慧的表示，但是揭發一個正在醞釀中的陰謀，更加是聰明些。凡是不想做這些奸巧計謀、並闡述正義的人，就被批評是破壞黨派團結、害怕反對黨。

「總之，無論任何事都先發制人為惡的人受到讚揚，揭發任何根本無意作惡的人，都同樣受到鼓勵。（以下略）」

換句話說，就是希臘世界的價值觀驟然改變，善行遭人輕蔑，惡行獲得稱讚。原本民主派提倡政治平等，寡頭派則追求由擁有財富和地位的人，以穩健和良知領導社會。照理說，即使體制不同，但盡力達到國家和公共的良善，也是不會改變的。

然而，雙方都以私利私慾為優先，完全忘了善良何在。值得特別一提的是，這並不是被誰強迫，而是形勢導致社會墮落。克基拉島事件在告訴我們慘劇之餘，也說明人類社會放棄良善和正義的共通基礎後，會引發什麼狀況。

## 小人得志，讓雅典逐漸陷入頹勢

第四卷詳細記載了史稱「派婁斯（Pylos）暨斯法克特里亞（Sphacteria）戰役」這起海戰的情況。雖然從這時候起，人們開始摸索邁向和平之道，私慾與私怨卻還是優先於德性及見識，過程總是受挫。

西元前四二五年，也就是克基拉島慘劇的兩年後，雅典將軍狄摩西尼（Demosthenes）率領的艦隊，在重重偶然下，占領了位於伯羅奔尼撒半島西南部的都市派婁斯，建為要塞。因為該地靠近斯巴達，是重要的軍事據點。

斯巴達對於這個舉動抱持危機感，馬上將艦隊集結在派婁斯南方不遠處的斯法克特里亞島，意圖收復失土。然而，狄摩西尼採取守勢，阻止斯巴達軍登陸，就在這時，雅典的援軍抵達，攻守逆轉。雅典艦隊包圍斯法克特里亞島，成功孤立了殘留在島上的斯巴達士兵。

斯巴達方判斷沒有勝算，認為應該拯救孤立在島上的士兵，於是就向位在派婁斯的狄摩西尼提出休戰。狄摩西尼也想要避免無益的戰事，斯巴達方就派使節去雅典了。

然而，前文出現過的政治人物克里昂卻出面阻饒。他想將有利的立場運用到極致，便對使節提高休戰的條件，談判就破裂了。結果派婁斯暨斯法克特里亞戰役再次開打，這回換雅典軍處於困境。斯巴達承諾解放國有奴隸，條件是暗中運送糧食物資，給斯法克特里亞島的斯巴達軍。相形之下，派婁斯的雅典軍則沒有補給線，連確保飲用水都很辛苦。

當這個狀況傳到雅典之後，轉眼間批判的聲浪，就集中在破壞和議的克里昂身上。然而克里昂試圖將矛頭對準將軍尼西阿斯，說：「假如將軍是大丈夫的話，應該可以率軍，輕鬆鎮壓斯法克特里亞島。」

但是尼西阿斯也沒有沉默。他向克里昂提議：「我把自己的將軍職讓給你，你率領艦隊遠征斯法克特里亞島，怎麼樣？」克里昂沒有軍旅知識和經驗，內心深感不安，這個提議卻獲得雅典市民大力贊同，因為克里昂的自賣自誇逐漸讓人厭煩，假如遠征失敗，他的政治生命就會結束；萬一成功，就可以救出派婁斯的軍隊。不管局勢轉向哪邊都不差，這份冷靜透徹的判斷起了作用。

克里昂無路可逃，只好擔任將軍一職，出發遠征。然而在當地，狄摩西尼的作戰奏效，一反大眾的預期贏得戰爭。擄獲一百二十名位在斯法克特里亞島的斯巴達士兵，凱旋而歸。

不用說，克里昂的名聲和權力一口氣提高，但這也就意味著遠離了和平之道。斯巴達方屢次請求雅典送還俘虜，雅典方卻次次拉抬條件，拒絕同意。

就像是報復一樣，這次斯巴達軍的勇將布拉西達斯（Brasidas），進攻雅典北邊不遠處的比奧西亞地區（Boeotia），再往色雷斯地區（巴爾幹半島東南部）北上，壓制雅典方的重要據點安菲波利斯城邦。不過這結果並非戰鬥所致，安菲波利斯的市民反而歡迎布拉西達斯的到來，因為民已經受不了克里昂的暴政和沉重年賦。

順帶一提，修昔底德當時就是雅典軍中，負責防衛色雷斯地區的將軍。雅典追究他該地遭奪的責任，藉由陶片放逐制將他流放到國外。於是，修昔底德就多出時間上的空檔，更詳細記錄這一連串的戰爭史。

從這時起，雅典就逐漸處於劣勢。

## 能言善道的俊美政治家，為何淪為過街老鼠、人人喊打？

接下來的第五卷，趨勢總算真正邁向和平。

西元前四二二年，克里昂本人為了收復安菲波利斯，親自率領大軍遠征，史稱「安菲波利斯戰役」。但他因為軍事知識和經驗不足，慘敗被擄，遭到處刑，不過布拉西達斯也在戰鬥中喪命。兩軍的主戰論者陸續身亡，使得雙方休戰的聲浪急速升高。

翌年，西元前四二一年，主和派尼西阿斯由於克里昂的死恢復發言權，與同樣期盼和平的斯巴達國王普雷斯托納克斯締結條約，史稱「尼西阿斯和約」。雙方歸還藉由戰鬥搶奪的地區，目標是恢復戰爭前的秩序。

然而，兩國都沒有歸還地區，緊張狀態依然持續。條約沒兩下就被撕毀，各地不斷發生戰鬥。

剛好就在這時，有個年輕的政治家阿爾西比亞德斯急速崛起。他出生於高貴的名門，腦筋動得很快、能言善道，又擁有驚人的美貌，喜愛奢華，男男女女都愛他（譯註：驚人美貌和男女皆愛的描述未見於《伯羅奔尼撒戰爭史》，但可參考蒲魯塔克《希臘羅馬英豪列傳》第六篇第一章第一節和第四節）。

阿爾西比亞德斯是尼西阿斯的政敵，戰爭方面也是主戰派。他以聲望為靠山、煽動國家進行魯莽的作戰，帶給雅典毀滅性的打擊，也就是「西西里遠征」。而且在此之後，還做出沒有氣節的行動，使得全雅典的民眾都恨他。

順帶一提，阿爾西比亞德斯也是蘇格拉底的門徒，本書之後將會介紹這位哲學家。由於他的惡行，使得蘇格拉底蒙上「誑騙年輕人」的嫌疑，最後被判處死刑（譯註：這段未見於《伯羅奔尼撒戰爭史》，但可參考色諾芬《回憶蘇格拉底》第一卷第二章）。

## 阿爾西比亞德斯煽動西西里遠征，自己卻叛逃到敵方

第六卷和第七卷詳細描述了西西里遠征的始末。

原本在西西里島上，就夾雜著雅典方和斯巴達方的殖民城邦。不過西元前四二四年眾城邦之間締結和平條約，與伯羅奔尼撒戰爭劃清界線。雅典也承認這一點，甚至撤回以前派遣的艦隊。

然而，後來島內也頻頻發生紛爭。尤其是島上最大的都市敘拉古勢力擴大、與斯巴達聯盟，更是雅典的心頭刺。於是阿爾西比亞德斯提議遠征西西里，並在雅典獲得壓倒性支持。

面對這種情況，以往推動和平的尼西阿斯就說明此事應當慎重。主要理由是色雷斯地區和雅典其他後方的地區還有敵人，假如要準備在遙遠而廣大的西西里一戰，就需要龐大的經

費和艦隊，這樣的軍事行動反而會刺激斯巴達方。

但是事態出乎尼西阿斯的意料，雅典市民在阿爾西比亞德斯的雄辯下狂熱起來，反而支持組織乘載國家威信的大艦隊。於是，就從西元前四一五年開始遠征，動員的人數總計超過三萬名。

遴選為司令官的人有三名，包含阿爾西比亞德斯、老將拉馬卡斯（Lamachus），諷刺的是還有尼西阿斯。而且才剛行軍，就遇到更諷刺的事情。其實在出航前不久，設置在雅典街道各處、作為路標的赫密斯神（Hermes）柱像全都遭到破壞。赫密斯像是神聖之物，凶手免不了要處以極刑。

這時冒出來的嫌疑人，就是已經率領艦隊、前往西西里的阿爾西比亞德斯。雖然真相不明，但他平常就以不謹慎的言行招來許多人的怨恨，遭到懷疑或許也是必然。雅典不久後，就對抵達西西里的阿爾西比亞德斯下達傳喚命令。

憤怒的阿爾西比亞德斯不從命令，而且還安排自己逃亡到斯巴達去。他逃亡到斯巴達後，暴露雅典軍的弱點，隨即獲得一定的地位和信賴。

於是，雅典軍的司令官就變成兩個人了。然而拉馬卡斯早早戰死，所以由原本反對遠征的尼西阿斯一個人指揮大規模的軍隊，再加上西西里的雅典派眾城邦也沒伸出援手，可以說從一開始勝算就不大。

另外，後來阿爾西比亞德斯在斯巴達也博得聲望，卻與斯巴達王妃通姦，惹人不快，於是這次就亡命到波斯帝國。西元前四一一年，他趁著西西里遠征大敗的混亂回到雅典軍後，就於西元前四〇七年晉升為統帥全軍的將軍職。沒想到在翌年西元前四〇六年，雅典因為他手下部屬的醜聞而追究其連帶責任，使得他再次流亡。他先是逃到色雷斯地區，再逃到位在安那托利亞半島的弗里吉亞（Phrygia），最後就在當地遭人暗殺（譯註：通姦的部分未見於《伯羅奔尼撒戰爭史》，但可參考蒲魯塔克《希臘羅馬英豪列傳》第六篇第一章第二十三節。另外，《伯羅奔尼撒戰爭史》只寫到西元前四一一年為止，回到雅典以後的經過可參考蒲魯塔克《希臘羅馬英豪列傳》第六篇第一章第三十二節到第三十九節）。

## 無益又悽慘的「西西里遠征」

抵達西西里的雅典軍，只有在剛開始時全力作戰，包圍敘拉古。但當敘拉古請求的援軍從斯巴達抵達後，形勢就瞬間逆轉。

而且當時適逢疾病在陣地中蔓延，尼西阿斯本人也罹患疾病，身體欠安。他看不出有挽回的跡象，於是就寫一封信，請求雅典判斷該撤退還是增援。尼西阿斯預期軍隊將會撤退，對此還抱有希望（譯註：寫信之事可見於《伯羅奔尼撒戰爭史》第七卷第一章，信中提到尼西阿斯罹患腎臟病一事。陣地疾病蔓延則是記載於第七卷第四章，發生在寫信之後）。

然而，雅典這時卻決定既不撤退也不增援，而是將幾千人大軍交託給兩名新的司令官。其中一名就是之前在「派婁斯暨斯法克特里亞戰役」中大顯身手的狄摩西尼。

不過，就算身經百戰的勇將加入隊伍，也無法挽回劣勢。狄摩西尼提議撤退，這次換尼西阿斯猶豫了。因為假如不問雅典的意向就撤退，不了解戰場的市民就會激烈責難。可想而知，只要有民主制，這樣的聲浪將會讓他遭到嚴厲的處罰。與其承受這種汙名，還不如在戰場上死於敵軍之手還比較痛快，哪怕是單槍匹馬也行。

猶豫對雅典軍來說成了致命傷。敘拉古軍見雅典軍因為疲勞和疾病而士氣低落，就企圖殲滅他們。敘拉古軍從海上封鎖海灣，困住艦隊，發動徹底攻擊。於是雅典軍拋棄艦隊，沿陸路撤退。陣亡的人就不用說了，就連傷病兵也被丟下，軍隊拚命行軍，敘拉古軍卻搶先一步封鎖道路，乘勝追擊。途中尼西阿斯和狄摩西尼部隊分兩隊逃走，只是雙方的退路都被截斷，最後便投降了。這是開戰的兩年後，西元前四一三年的事情。

斯巴達方告訴敘拉古軍，想要將這兩人以俘虜身分帶回本國，因為狄摩西尼在之前的派婁斯暨斯法克特里亞戰役中是敵方的司令官，尼西阿斯則是致力於之後和平工作的人物，兩者皆受到斯巴達國內高度關注。

然而，敘拉古軍卻無視這項要求，將兩人統統處決。另外，俘虜的數量高達七百人，非雅典人都變賣為奴，雅典人則被擱置在敘拉古市郊外的採石場。當然，他們大多數都死於飢餓和疾病。

結果，雅典仗著威信、派出總計三萬數千人的軍隊，卻幾乎統統沒能回到雅典，事到如今可說是全軍覆沒。西西里遠征就是這麼悽慘而無益的戰爭。

## 戰後雅典淪為小國，自此希臘歸馬其頓統治

而在最後的第八卷，則是描述雅典在西西里遠征後凋零的情況（但是未完結）。

幾近全軍覆沒的事實，當然對雅典市民造成極大的震撼。然而，還有很多更大的震撼降臨在他們身上。首先，是組成提洛同盟的各國陸續開始叛離，再加上斯巴達軍占領了戴凱列阿（Decelea），它是範圍遍布雅典北部近郊的穀倉地帶。雅典不僅失去軍事能力，就連關鍵的資金來源和糧食供應來源也丟失了。

由於這場危機，雅典國內的政治體制便摸索如何取代民主制，是要採取四百位明智之人主導的寡頭制，還是要採以五千人主導的寡頭制。前文曾出現過的阿爾西比亞德斯又再次暗中活動，再加上波斯帝國的干涉等因素，使得小規模戰爭不斷持續。雖然過程中雅典軍也有勝利的時候，但衰退和消耗的趨勢卻絲毫未改變。

《伯羅奔尼撒戰爭史》記載到西元前四一一年為止，雅典最後於西元前四〇四年投降，歸入斯巴達的統治之下。於是，伯羅奔尼撒戰爭總算迎來終結。雅典這個國家雖然還殘存，提洛同盟卻已解散，海軍瓦解，也失去所有海外的領土，還仿傚斯巴達、引進三十人主導的寡頭制。

然而，希臘世界還沒有就此穩定。在雅典，寡頭政權引發的恐怖政治引起反彈，僅僅一年後就瓦解，回歸民主制。另外，希臘的混亂招致波斯帝國崛起，於是受到波斯支援的希臘各國、斯巴達，以及期盼復興的雅典，就形成三方角力的局面。

伯羅奔尼撒戰爭爆發後，這樣的混亂就持續了大約一個世紀，導致各國國力低落。這時有個國家沒有參與任何戰爭，從希臘世界學習技術、文化和制度，累積國力，那就是位在希臘半島與大陸接壤處的馬其頓王國（Macedonia）。

西元前三三八年，馬其頓戰勝底比斯和雅典聯軍，兩者都是掌控當時希臘半島中部的有力都市。翌年西元前三三七年，馬其頓建立同盟，讓斯巴達以外的所有希臘都市參加，並以盟主身分稱霸。由於結盟地點在有力都市科林斯，它位在連接希臘本土和伯羅奔尼撒半島的地峽附近，所以史稱「科林斯同盟」。於是，整個希臘世界除了斯巴達之外，幾乎都在馬其頓的掌控下。

接著，知名的亞歷山大三世（大帝）登場，馬其頓於西元前三三四年起展開所謂的東征。

他們征服了強國埃及和波斯帝國，建設自己的強大帝國。於是，希臘的思想和文化得以傳到遙遠的東方。由於希臘人以希臘神話中的英雄赫楞（Hellen）自稱「赫楞人」（Hellenes，赫楞之子），其文化「希臘主義」的英文就稱為「Hellenism」了。

## 伯里克里斯的演講，現在仍是範本

目前為止，我們以快速瀏覽的方式，追溯《伯羅奔尼撒戰爭史》中描述的伯羅奔尼撒戰爭經過。標榜民主制的雅典沒落史，也是通往眾愚的道路。見識淺薄的領袖為權勢慾和名聲慾擺布，諂媚和煽動民眾，將重大政策的主導權交託給民眾的恣意妄為，國家必然會因為這樣而走向衰微。

這裡請各位讀者再回想一下，本章前半段出現的伯里克里斯。這位將軍締造雅典的全盛期，戰爭爆發後也盡量冷靜應對，試圖找出勝機，與後來登場的政治人物和軍人呈現鮮明對比。修昔底德評論如下：

「伯里克里斯受到世人很高的評價，是具備優越見識的實力者，在金錢方面的廉潔也毋庸置疑，他毫無畏懼的統御一般民眾，他以自己的方針引導民眾，而不是順從人民的意圖。」

他在開戰翌年、西元前四三〇年，於追悼陣亡者典禮上的演講，便象徵了這種態度。這是史上讚美民主制最知名的演講，至今仍是歐美政治人物之間的演說範本。

這篇演講相當長，以下介紹其中的一部分：

「我們的政治制度不是模仿他國的制度。我們的制度是別人的模範，而不是我們模仿任何其他人的。我們的制度之所以被稱為民主政治，其要旨在於排除了少數者的獨裁，並維護多數人的公平。在我國，解決私人爭執的時候，每個人在法律上都是平等的；讓一個人負擔公職上較高地位的時候，所考慮的是他們的真正才能。任何人，即便出身貧窮，只要能對國家有所貢獻，絕對不會因為貧窮而封閉了從政之路。

正因為我們擁有自由而公開的道路，所以平時不用擔心遭到彼此猜疑的眼光，而能享受自由的生活。當我們隔壁鄰人想追求他自己的快樂時，我們不至於因此而生氣；我們也不會因此而對他擺出難看的臉色，以傷他的情感，儘管這種臉色對他沒有實際損害。（略）但是在公共事務中，我們深恐行為觸犯法律並引以為恥。對於我們託付政治管理之權的人，我們服從；我們尊崇法律，特別是保護被壓迫者的法律，我們不忘尊崇那些雖未寫成文字，但是能喚起萬人廉恥之心的規定。

「（略）我們愛好美麗的東西，但沒有因此而奢侈；我們愛好智慧，但沒有因此而柔弱。我們把財富當作行動的基礎，而不是把它當作用來誇耀的東西。至於貧窮，誰也不必以自身的貧窮為恥；真正的恥辱是怠於努力以避免貧窮。

「（略）總結來說，我可斷言，我們的國家是全希臘應該追求的理想的展現，我們每個公民，在人生的許多方面，能夠擁有自由人的品格，並且能夠期待自己的智識達到圓熟。為證明這不是在這個典禮上的吹噓，而是真正的具體事實，只要考慮一下，正因為我上面所說的人性優良品格，我們的國家才顯現它現有的國力。因為在列強中，只有雅典在遇到考驗的時候，便能贏得凌駕於名聲的成果。只有在面對雅典的時候，入侵的敵人不以戰敗為恥；受它統治的屬國，也承認統治者的品德而不批判。真的，我們擁有如此偉大的證據，國力更是眾人有目共睹。不只是今天的世界，到了遙遠的後世，也會對我們表示讚嘆。（以下略）」

前半段說明民主主義和民主社會理念，至今仍值得洗耳恭聽，就是必須以所有人的自由和公平為前提，達到機會平等、而非結果平等，並以各人的立場盡力為公。另外，他還指出要遵守規則以保秩序，自立自強克服貧窮，這些也相當符合現代的觀念。

而後半段則是想表示，**每個國民的愛美和愛智，會產生國家應有的「德」，形成真正的國力**。只要知道雅典在伯羅奔尼撒戰爭爆發後，僅僅不到三十年，就驟然淪為眾愚而衰退的經過，再回顧這段演講內容，就會再次認清當時登場的政治領袖罪孽深重。

另外，從這段激烈的落差當中，出現了一些人認真思考所謂的「德」是什麼，「善」是什麼。其中的代表人物為蘇格拉底、其門徒柏拉圖及徒孫亞里斯多德。從他們的思想中，產生出今日稱為「哲學」的學問。

比方說，這三人闡述的論點分別如下：

「正義絕非強者的利益。」（蘇格拉底）

「為什麼不培養德性和理性兼備的真領袖？」（柏拉圖）

「政治並非讓富人或窮人來論戰。」（亞里斯多德）

這些議題，無疑都是立足於伯羅奔尼撒戰爭和雅典歷史而談論的。

因此，從下一章起，將會具體驗證這些概念，是在什麼樣的文辭脈絡下闡述。闡明為什麼他們的思想會經由「文藝復興」流於後世，至今仍作為歐美菁英教育的基礎。

第四章

# 希臘哲學：
# 賢人無知比愚人更可怕

最理想的國家體制是什麼？民主制還排不上前三名。

一個國家該怎麼培育「救世主」？柏拉圖知道。

梵蒂岡的羅馬教廷是天主教會的中樞，其中有個房間名為「簽字廳」。顧名思義，就是教宗簽署重要文件、舉辦會議用的房間，即使在教會當中，也可說是極為神聖的一角。

四方的牆壁是四幅溼壁畫，是由文藝復興時期義大利畫家拉斐爾・桑蒂（Raffaello Santi）繪製的，主題是「基督教與希臘哲學的和諧」，其中一幅就是知名的〈雅典學院〉（*The School of Athens*）。繪製的時間是在一五〇九年至一五一〇年，拉斐爾服侍羅馬教宗儒略二世（Pope Julius II）的期間。

拉斐爾本人雖然沒有提及，不過畫中描繪的大多數人物都各有原型，而且還將古代的哲學家比擬為同時代的藝術家，真是匠心獨運。

## 〈雅典學院〉中的人物，呈現了兩種世界觀

關於畫中的原型人物眾說紛紜，這裡只取其一。比如前排的中央是比擬為米開朗基羅（Michelangelo）的赫拉克利特（Heraclitus，古希臘時代的哲學家），右邊為第歐根尼（Diogenes，同為古希臘時代的哲學家），再右邊為瑣羅亞斯德（Zoroaster，瑣羅亞斯德教創始人）以及托勒密（Ptolemy，羅馬帝國時代的哲學家）等人，其中還畫了拉斐爾本人。另外，前排的左邊還有畢達哥拉斯（Pythagoras），其他眾人則分別為音樂家、法律人、詩

**圖表4-1　〈雅典學院〉畫中的人物各有寓意。**

人、醫生和其他專家及技師。

整幅畫的中心有兩個人在對話，其他人就像簇擁著他們一樣。左邊是比擬為李奧納多．達文西（Leonardo da Vinci）的柏拉圖，右邊是亞里斯多德。柏拉圖以左手抱著《蒂邁歐篇》（*Timaeus*），亞里斯多德則以左手抓住《尼各馬可倫理學》（*Nicomachean Ethics*），兩部著作的主題皆為「人類善良的靈魂（Psyche）是什麼」。

而這幅畫還有一個匠心獨運之處。站在左邊的柏拉圖右手食指朝天，左邊上半部的背景畫著希臘神話阿波羅的雕像。而站在右邊的亞里斯多德右手食指朝地，右邊上半部是希臘神話雅典娜（Athena）女神的雕像，畫中卻變成羅馬神話米娜瓦（Minerva）女神的模樣。其實這裡也帶有寓意。

後面我們會談到，柏拉圖設想出「理型」（Ideas）這個概念化的世界，提倡真理就在其中。相形之下，亞里斯多德則重視每天的經驗和習慣，提倡應當從中探究真理。指尖指示的「天」與「地」就是其象徵。

另外，位在左邊的阿波羅以預言、治療、音樂和詩歌之神而聞名，接近柏拉圖的世界觀。配置在祂下方的，是體現這一點的技師以及哲學家。反觀右邊的米娜瓦或雅典娜，則都是智慧、工藝和戰略的女神，接近亞里斯多德的世界觀。而在祂下方的，也還是體現這一點的技師和哲學家。

換句話說，〈雅典學院〉是以站在中央的柏拉圖和亞里斯多德為界，左右涇渭分明。從這幅宏偉的繪畫中亦可窺知，希臘哲學以這兩個人為源流，對於文藝復興時期基督教社會的影響浸淫得有多深。

柏拉圖、亞里斯多德，和柏拉圖的導師蘇格拉底生活在雅典——這個在伯羅奔尼撒戰爭敗北後，不斷走向沒落的城邦。眾人在社會紛亂中摸索自己該怎麼活，國家該是什麼樣子，這些賢人則試圖藉由「智慧」這項武器導出答案。所以才會超越一千八百年的時光，在史稱「黑暗時代」的中世紀歐洲社會中，像傳教士一樣獲得接納。

那麼，這些賢人到底闡述了什麼？首先，就從柏拉圖的著作，深入挖掘他的哲學。

## 為什麼要處決蘇格拉底？因為他揭穿了「賢人」的無知

西元前四四三年，將軍伯里克里斯的出現，讓雅典迎向民主制的全盛期，藉由從提洛同盟吸取的豐厚資金強化軍事能力，同時也謀求學問和藝術的振興。

既然是民主制社會，只要能力高超，就會博得好評，與門第和身分無關。於是，雅典就聚集了來自希臘各地對智力和才能有自信的人。尤其是在學問領域當中，陸續出現賣弄知識、巧舌如簧的人，他們號稱「智辯家」（Sophist，擁有智慧的人），以擔任市民的家庭教師謀生。

而擋在他們面前的，就是雅典出身的蘇格拉底。有一天，他的朋友前往《歷史》中也提過的「德爾菲神廟」，收到神諭表示：「沒有人比蘇格拉底更賢明。」不覺得自己賢明的蘇格拉底感到很驚訝，為了提出反證，就拜訪多位被世人視為「賢人」的智辯家住所，試著藉由問答，釐清神諭的真意。

結果發現，智辯家就算熟悉某個領域，對於其他領域也並非精通。他們卻誤以為自己對所有的領域知之甚詳，或是虛張聲勢、裝作什麼都懂。於是蘇格拉底領悟到「比起這些不知道卻誤以為知道的人，自覺到不知為不知的自己比較賢明」。爾後，蘇格拉底竭盡熱情，藉由問答來促使這些智辯家、政治人物、詩人，或是其他世間號稱「賢人」的人，注意到自己的無知。

蘇格拉底的言行特別受到年輕人的支持。但相反的，威信和名聲受到傷害的「賢人」，則對他投以憎惡的眼光。

不巧的是，就如前一章所言，在蘇格拉底約四十歲時，伯羅奔尼撒戰爭爆發，雅典的戰況日益惡化。伯里克里斯死後，就出現短視近利、以私利私慾為優先的政治領袖，讓國家逐漸衰亡。尤其是阿爾西比亞德斯，他主導西元前四一五年展開的「西西里遠征」，卻臨陣脫逃到敵國斯巴達。不巧的是，他也是蘇格拉底的門徒之一，使得眾人對於蘇格拉底的批評更為強烈。

再者，當雅典於西元前四〇四年敗北，歸入斯巴達的掌控下之後，寡頭制的「三十人僭主集團」（Thirty Tyrants）就開始代替民主制。然而，他們施行恐怖政治，引來反彈，僅僅一年就瓦解，回歸民主制。「三十人僭主」的主要成員中，也有蘇格拉底的弟子，於是最後蘇格拉底也成了遭到抨擊的對象。

西元前三九九年，審判宣布處死蘇格拉底，結束了他的一生。關於審判的經過，柏拉圖的《申辯篇》（*Apology*，又名《蘇格拉底的申辯》）中就有詳細的描述。

## 哲學的開端——柏拉圖，提倡現實之上存在理想世界

蘇格拉底連一本著作都沒有，是門徒柏拉圖將他的思想和言行流傳於後世。柏拉圖以蘇格拉底為主角，留下了幾本著作。

柏拉圖出生於西元前四二七年，剛好是伯羅奔尼撒戰爭開打後不久，他比蘇格拉底小約四十歲。雖然他年輕時立志成為政治家，但在親眼見證國家衰退、「三十人僭主」的誕生和崩潰，以及導師蘇格拉底遭處決等事件之後，就與現實世界保持距離，並以「哲學家」（Philosophos，愛智之人）的身分踏入思索的世界。這就是「哲學」之始。

柏拉圖的思想稱為「理型論」。「理型」是存在於天界、至善至美的世界，讀者不妨把它想成某種桃花源。雖然肉眼看不見，但反過來說，我們肉眼所見的現實，只不過是天界的拙劣仿冒品。

另外，包含我們在內的萬物，都擁有知性的「靈魂」（Psyche），實際上既知道理型的存在，也有渴望理型的激情（Eros）。然而，在現實世界中，我們往往會不自覺的忘記這一點，要藉由問答、藝術、數學和幾何學等知識來喚醒記憶。

開頭介紹的畫作〈雅典學堂〉，所描繪的柏拉圖就象徵了這一點。他的右手食指朝天，是在指出天界的理型。另外，他的左手抱著自己晚年的著作《蒂邁歐篇》，將理型論發展至

宇宙論和開天闢地的傳說，因而聞名。柏拉圖告訴我們，這份宏大的尺度中，也囊括著我們的「魂」。

站在現代科學的觀點，或許會覺得這樣的思想「不科學」。然而這份宏大的尺度甚至影響了《舊約聖經》的核心內容〈創世記〉。考慮到後來猶太教的發展，以及基督教和伊斯蘭教的開創，這可說是為後來的世界和人類留下極大的成就。

## 對現實失望，轉而追求理想的國家形象和領袖形象

假如《蒂邁歐篇》是結合理型、宇宙和自然科學的作品，《理想國》中則可以一窺建立這套世界觀的過程。這本大作在他五十歲以後寫成，將以往的思想集大成，甚至談到獨特的「靈魂」觀和教育理念。

這本書顧名思義，就是在描述理想的國家形貌。正如先前所言，柏拉圖在導師蘇格拉底遭到處決和其他事件後，就對現實政治失望。所以他才從理型的觀點，描述該怎麼建立政治體制，以及該如何實現。

就和柏拉圖的許多著作一樣，《理想國》也是以第一人稱的對話錄形式撰寫，導師蘇格拉底會以「我」的名義在書中登場。換句話說，就是以蘇格拉底的思想為出發點，再加上柏

拉圖個人的解釋，既然是這種雙重結構，就分不出是誰的主張。另外，書中內容是以當時的時代背景和社會常識為前提，必須先有所理解才能判讀某些場景。後人會說柏拉圖的著作令人費解，這也是主要原因之一。

總而言之，《理想國》是先從提問「正義是什麼」為出發點，討論國家保衛者和統治者的素質和教育、由哲學家統治的理想國家論、哲學教育達到極致的「善」，以及哲學帶來的「幸福」是什麼。

另外，柏拉圖在四十歲時（西元前三八七年）創辦「柏拉圖學院」（Akademia），傳授算術、幾何學和天文學等知識後，就會上哲學的課程，以培養理想統治者為目標。一般認為《理想國》，是為了讓柏拉圖學院的教育方針開花結果而寫。

順帶一提，「柏拉圖學院」以哲學教育的中心學府之姿，存續了大約九百年，直到西元五二九年，東羅馬帝國皇帝查士丁尼一世（Justinian I）提出「關閉非基督教學校」的政策為止。另外，即使在關閉後，至今歐洲仍常使用「學院」（Academy）和「研究院」（Accademica），作為高等研究機構和教育機構等的名稱。當然，這兩個詞皆來自「柏拉圖學院」。

以下將談到《理想國》的內容，由於是全十卷的巨作，實在無法在此一一介紹。此外，書中的用詞雖然平易近人，但由於是對話形式，某些部分的論點也難以理解。

## 人類的幸福，就是當理性戰勝欲望

然而，不只是《理想國》，柏拉圖的許多作品也是如此，與其精讀、努力了解細節，不如像是看戲一般，用耳朵聆聽朗讀之餘、品味其世界觀，或許最後會比較容易掌握內容。雖然不知道柏拉圖的用意，但若選擇對話錄形式的目的是著眼於此，就只能讓人甘拜下風了。

總而言之，這裡要以快速介紹的方式說明《理想國》的重點。首先，第一卷是大範圍的介紹該書提出來的爭議點，只要閱讀這個部分，即可大致掌握整卷想要說什麼。

假如以戲劇的方式介紹，第一卷大致可分為三幕，第一幕的主題是「何謂幸福的人生」。沒多久，老人克法洛斯（Cephalus）登場了。就在其他老人悲嘆失去青春時，他則說自己現在極為安穩而幸福。接著就講到某位老作家的故事，有人問老作家：「你還能縱情聲色嗎？」他這樣回答：

「別提啦！感謝老天，我終於擺脫那些了！我就像好不容易從一個狂暴凶狠的暴君手中，掙脫了出來似的。」（《理想國》，岩波文庫，以下同）

克法洛斯將這句話視為「名言」，表明自己也這麼認為。他還說，不管是老年也好、青年也好，是否覺得幸福，終究取決於本人的性格。人類同時擁有欲望和理性，當理性的力量戰勝時才會幸福，這種觀念暗示了貫串全書的理念。

接下來，主題就轉移到正義對於個人來說是什麼。有人主張「以善報友，以惡報敵是正義」，蘇格拉底則對此提出幾點反駁。

比如對於醫生來說，如果治療朋友的疾病，並讓敵人罹患疾病就是「正義」，但這也是某種犯罪行為。另外，錯認敵友也是常有的事，假如直接行使「正義」，也會害到真正的朋友。或者，就算辨別出絕對的朋友和絕對的敵人，害人的行為也和「正義」背道而馳，反而會產生憎惡及對立，成為不正義的溫床。

## 何謂國家的正義①——探究權勢者的利益

接著，智辯家沙拉敘馬霍斯（Thrasymachus）登場了。從這裡開始，議論就不再針對個人，而是轉移到對於國家而言的正義是什麼。這是第二幕。

聽了蘇格拉底拐彎抹角的議論，沙拉敘馬霍斯感到不耐，他主張如下：

「那麼，聽著！我主張正義，就是強者的利益。咦，怎麼不誇讚我呢？明擺著你就是不願意這樣做！」

沙拉敘馬霍斯說明正義就是強者的邏輯，符合強者利益的事情會納入國政，化為法律並執行。犯法的人則會被當成違法者和不正義的犯罪者，予以懲罰。

關於這個論點，過去就出現過實例，那就是統治雅典的僭主政治。以庇西特拉圖一族為首的僭主，乘著貴族階級和平民階級的傾軋奪取權力，並為了維持權力基礎，而成為高壓獨裁者。

爾後，雅典市民放逐他們，引進「陶片放逐」的制度，以免再度出現僭主。只要想像當時的市民，多麼厭惡這些僭主以不正義的手段掠奪權力，再用於不正義之上，就比較容易理解以下的主張：

「如果你思考一下極端不正義的情況，你會更容易接受我所說的，它將會使不正義的人變成最快樂的人，反過來使那些遭受不正義的人、不願意為非作歹的人，成為最痛苦的人。我說的正是專制獨裁的統治。（略）

「這樣的作為，如果是一件一件單獨犯下，等到被發現時，他會遭受最嚴重的處罰及批評。事實上，毀壞神廟、綁架、侵入倉庫竊盜、詐騙犯、小偷，都是以小規模的方式，犯下這些不正義的惡事。

「但是那些不只掠奪人民所有的財富，並同時綁架且奴役全國人民的人，不但沒有惡名，反而被讚頌為幸福、受到祝福的人。（略）這是因為，一般人之所以譴責不正義，並不是害怕把不正義之事施加在他人身上，而是害怕自己蒙受不正義之事。

「因此，蘇格拉底啊！只要用充分的方法實現不正義的事，就會是比正義更強大、擁有自由、權勢的人。（以下略）」

沙拉敘馬霍斯的指摘，也可能在今天發生。有不少人執著地位、中飽私囊，卻沒有顧及正義。掌權者往往主張自己的不正義是「正確」和「正義」，同時將真正主張正義的人視為威脅，企圖毫不留情的擊潰他們。雖然程度上有差異，不過在職場、學校和其他所有團體，都可以看到這種傾向。

自從伯羅奔尼撒戰爭爆發，雅典失去將軍伯里克里斯之後，就陸續出現為政者將自己的不正義視為「正義」。正如前一章所述，他們將戰爭弄得像泥沼般難以脫身，造成莫大的犧牲，同時讓國家陷入存亡的危機。沙拉敘馬霍斯就是因為目睹這樣的現以脫身，才會說掌權者容易曲解正道。

換句話說，《理想國》中論述的正確和正義，與掌權者的適任程度息息相關。而不是像佛教中的八個實踐德目「八正道」（編按：正見、正思惟、正語、正業、正命、正勤、正念、正定）一樣，意味著拯救靈魂的手段。沙拉敘馬霍斯要說的是，「正義」的人要登上權力寶座，才是真正的「正義」。

## 何謂國家的正義②——提供利益給受統治的人

蘇格拉底聽沙拉敘馬霍斯這樣說，便展開以下的問答：

「你有沒有注意過，一般人對於支配的地位，沒有人會自發的擔負支配者的位子，大家都會要求相對應的報酬。換句話說，這不就意味著人人都認為，從支配中獲得利益的，絕對不是自己，而是被支配者？

「現在，請回答我以下這個問題，我們區分各項技術時，是不是根據它們各自擁有的不同功能？可能的話，請照你真正所認為的老實回答，否則討論就沒有結果了。」

蘇格拉底展開以下的論調。比如醫生也好、工匠也好、商人也好、船夫也好，每種職業都具備固有的「技術」，並有擅長拙劣之分。這份技術不是為了自己所用，而是為了需要的人而用。藉由勞動，即可獲得收取報酬的權利。

同樣的，對於掌權者也可以這樣說，假如他們要收取掌權者應有的報酬，就代表掌權者所統治的人們，是以對價支付給「作為掌權者應有的技術」。換句話說，技術不是為了自己而用，而是為了受統治的人而用。

那麼，明明完全不具備「掌權者應有的技術」，卻只想要「掌權者應有的報酬」，人們會怎麼稱呼這位掌權者？顯然就是「不正義的人」了吧。

換言之，這裡要說的是，正義並非掌權者的利益，而是將利益提供給受統治的人。然而現實中會存在不正義的掌權者，隨意排擠、踢開及操控他人，獲得不當的利益。所以問題就在於掌權者是否真的強大，是否能夠長期稱霸。

關於這一點，蘇格拉底這樣說：

「請再回答我一個問題，讓我更高興一些。請告訴我，無論是一個國家、一支軍隊，或是一群盜賊，或者任何同夥都好，共同集結、決定做壞事時，如果彼此之間毫無正義可言，你看他們能達到目的嗎？」

沙拉敘馬霍斯回答「一定不成」，於是蘇格拉底繼續說：

「也就是說，沙拉敘馬霍斯，是因為不正義讓他們之間產生分裂、仇恨、鬥爭，而正義卻產生友好、和諧，是嗎？

「（略）如果不正義的作用，是存在於自己內在時，必定會像這樣到處製造仇恨，那麼無論不正義出現在奴隸，還是在自由人心中，都會叫他們彼此仇恨、鬥爭，使他們終究不能共同、一致行動，是不是？」

換句話說，不正義既不會擁有力量，也無法持久。反之，就是因為貫徹正義，國家才會繁榮。

## 靈魂的運作，會左右正義和不正義

而在第一卷的最後，開始談到人類的「靈魂」。這是第三幕。首先是承接共事不可能基於「不正義」的話題，談到個人的內在也會產生矛盾。

**圖表4-2　柏拉圖的至善**

**幸福與正義**

◆幸福的人生（個人）

◆國家應有的正義

◆精神穩定運作

**不正義、不和、仇恨**

◆內部的不和（個人）

◆內部的不和（國家）

憎恨產生連鎖影響，共同體無法維持。

◆醜惡的精神會擴大影響

不正義會使受其影響的人，連精神也敗壞。

**〈柏拉圖《理想國》第四卷之一摘要〉**

整個國家要盡可能幸福。充滿幸福的國家就能找到正義，治理不善的國家，就會找到不正義。

**〈重點〉**

藉由蘇格拉底之口，說明國家應有的「幸福」和個人的「幸福」相輔相成，這是柏拉圖最大的貢獻。兩者無法分割，雙方皆幸福就是善政；反之，圖利特定個人和團體，以致兩者不幸則是惡政。亞里斯多德再三琢磨其師柏拉圖揭示的這項命題，〈雅典學院〉就將他們兩人擺在中心的位置。這對師徒致力於這項「國家和個人要一同幸福」的哲學大命題，宗旨是人類社會的「至善」。其結構則以「哲學」為中心，形形色色的技藝專家簇擁在旁，這顯示出爾後西方社會的價值意識和理性世界的層級。

「我想，不正義存在於個人的內在時，同樣會發揮它全部的本質。首先使他內在產生自我矛盾、衝突而而不能好好行動，其次使他和自己為敵，也與正義者為敵，是這樣嗎？」

接著，在反覆探究人類具備的「美德」和「惡行」後，話題就發展到靈魂的功能。

「那麼你再想想接下來這點，靈魂是否具有非它不可的特有功能？比如思慮、支配、計畫等類似的事，除了靈魂之外，我們是否還有其他能發揮這些功能，能夠稱得上是其固有作用的東西？」

換句話說，與生俱來的一切，到頭來皆來自靈魂。靈魂與美德結合，就會發揮良好的功能；與罪惡結合後，功能也會惡化。

「那麼，惡的靈魂必定以惡的方式支配，好的靈魂必定以善的方式發揮這些功能。」

這個部分就是柏拉圖哲學的基礎了。「正義」和「善」會與和諧和友好結合，越來越鞏固；反觀「不正義」和「惡」則會產生仇恨和鬥爭，讓事態加速惡化。一切皆因靈魂的功能而異，也就是會依自己內心的想法而改變。

雖然卷數不同，不過第四卷的開頭陳述如下：

「（國家建設中該達到的目標是）盡可能讓整個國家的人獲得幸福。其原因在於，在這樣的國家中，最有可能找到正義；相反的，在一個治理不善的國家裡，就能找到不正義。」

被正義所包圍的國家，個人也能以健康的靈魂生活著，因為滿足這項條件，所以會變得幸福。由幸福的個人組成的國家，不可能會不幸，那會讓國家的正義更強大。追求這種良性循環的國家，就是《理想國》當中蘊含的根本訊息。

## 國家也有「靈魂」

第二卷以後的內容，只要當作是詳細論述第一卷的內容就能輕鬆了解。換句話說，就是「美善靈魂的功能」該怎麼用在治國上的大主題。接著是具體討論培育美善心靈的教育論，以及理想的統治者形象等問題。

有些今日看來匪夷所思的主張，在書中也可見到，比如貫徹思想教育便是其中之一。就如荷馬所象徵的一樣，照理說希臘文化少不了詩文。但書中卻表示這些娛樂會汙染靈魂，應該限制這種教育。

雅典在伯羅奔尼撒戰爭中大敗，不難想像他們會以軍事強國為目標推動復興，所以這恐怕是基於極權主義思想，而展開中央集權色彩濃厚的主張。德國在第一次世界大戰大敗後，由於希特勒（Adolf Hitler）的出現而朝建設極權主義國家之路邁進，就可以看出這種情況。

還有，書中認為應該由具備理性的哲人，擔任國家的統治者（保衛者），卻又說那個人不該擁有任何私有財產。理由在於統治國家本身就是非凡的名譽，既然接受神祇賜與的神聖金銀，就不需要俗世汙穢的金銀了。

不僅如此，書中還主張優秀人才之間，連妻子都應該「共享」。這雖然是所謂「優生學思想」的先驅，還是與現代人的觀念相去甚遠。這些都應該理解為，如何發揮「靈魂作用」的腦力激盪。

另一方面，柏拉圖的影響力之所以直到現代也不褪色，是因為書中雖然提出「靈魂」這個乍看之下神祕的概念，卻從中發展出一針見血的議論，探討善與惡、正義與不正義等人類心中普遍的主題。而且這並不止於個人內心的問題，而是將視野擴展到社會、國家，甚至是全宇宙。由於這套宏大的世界觀，才會長期持續受人閱讀。

一般認為書中的第二卷到第三卷，算是反映出濃厚的蘇格拉底思想。然而到了後半部，就發展出柏拉圖獨有的見解。

## 教育並非讓人看見世界，而是改變人的視野

在第六卷和第七卷，就進展到知名的「理型論」和教育論。正如前面所提到的，「理型」就類似於某種桃花源。

柏拉圖指出，「美善理型」可以舉普照一切的太陽的「光」為例。正因有了這道光，人類才看得見東西。而且正因人類看得見，才會熱愛友好與和諧，重視正義並行善。

那麼，要是沒了這道光，或被遮蓋了，會怎麼樣？人類在一團漆黑當中就會變得盲目，失去友好和和諧，產生爭執，「不正義」將會猖獗蔓延。

實際上，這道光不會直接照進人類社會。關於這一點，要用第七卷開頭的「洞穴比喻」來說明。

人類就像是生活在洞穴深處的囚徒，手腳被綁，只允許看著洞穴的深處，背後有低矮的屏風，再後面有火把，屏風上用人類或動物的投影，上演某種皮影戲。投影映照在洞穴的深處，人類誤以為那就是世界的全部，這就是所謂的俗世。因為「光」幾乎沒有照進來，所以不正義依然橫行。

因此，柏拉圖說關鍵在於教育。只要其中一個人獲得釋放，走出洞穴之外，沐浴在太陽光下，那個人就會覺得眩光、刺眼。不過，在逐漸習慣後，則會發現那才是真實的世界，是「美善理型」，而不只是洞穴深處所見到、名副其實的幻影。同時，他應該會覺得沐浴在陽光下很幸福，認為留在洞穴的同伴很可憐。

於是那個人再次回到洞穴，試著帶同伴往外走，但由於突然進入黑暗中，一下子沒能看清楚內部，結果同伴就嘲笑他那副模樣，覺得果然還是不該出去外面，深信洞穴中才是世界的一切。要是那個人強行帶同伴出去，說不定還會遭到殺害。

即使如此，那個人還是留在現場，堅信同伴需要啟蒙，了解外面的世界。換句話說，就是讓持續看著洞穴深處的同伴轉向，注意到火把以及接下來的太陽光。另外，既然同伴也是人類，應該原本就具備感悟道理的能力，這就是教育。

「（略）教育的本質，並不像某些人宣揚、主張的那樣，他們宣稱自己能將靈魂裡本來不具備的知識灌注進去，好像他們能把視力從外在植入瞎子的雙眼裡一樣。」

「但是依照我們的討論可以顯示出，（略）每個人的靈魂中早就具備了這個（明白真理）的功能，而每個人藉著該功能用來學習的器官就像眼睛，身體如果不隨著改變方向，眼睛是無法從黑暗轉往光明的。同樣的，必須讓這個學習的器官，和整個靈魂一起從俗世轉向光明的世界，直到逐漸能忍受、觀看實際存在中最耀眼的光亮，而我們說最明亮的那個，在我們的主張中，指的就是善，不是嗎？

「思考到該如何最簡單、最有效果的讓這個學習的器官轉向，一定存在著獨有的旋轉技巧，讓轉向盡可能容易和成功，但它不是將視力放入眼睛裡的技巧。因為我們剛剛提過，眼睛本身就具有視力，只是當這個學習器官朝不對的方向看時，就應該要調整。而這種調整的技術就是教育。」

換句話說，柏拉圖教育論的本質在於「探究真理」。不只是他本人設立的柏拉圖學院，甚至過了約一千五百年，到了文藝復興時期，大學在西歐設立之際，他的教育論無疑提供了很大的啟發。博雅教育的原點就在這裡。

## 該怎麼培育救世主？柏拉圖知道

率先離開洞穴，沐浴在太陽光當中後，再回到原本洞穴的人，無疑會成為人類心目中的「救世主」。這份原動力，是包裹著「美善理型」的終極「美善靈魂」。

那麼，該怎麼培養救世主的美善靈魂？柏拉圖指出，「美善理型」之類的事物層面不同，很難單憑感官便輕易了解。就宛如人類的肉眼，看不見組成所有物質的原子一樣。所以，關鍵在於透過「道理」觀察事物。要了解「善」，就要知道物理現象的原理。要踏踏實實的做完幾個算式，解開乍看之下不可解的現象，藉由上述過程就會得到「智慧」。

換句話說，要了解「善」，就不能停留在感官的世界，而是需要熟悉「理」的技術。柏拉圖認為，以此為基礎的學問有數學、幾何學、天文學和音樂理論等。

「也就是說，這些漂亮的星體裝飾著肉眼所見的天空，雖然我們認為，它們是所有見過的事物中最美麗和完美、正確的，但它們遠遠不及真實，遠不及那些真正存在的快和慢，在真實的數字和真實型態之間、彼此影響的運行著。而這些運行、運動只能透過理性和思考來捕捉，用眼睛是看不到的。」

的確，單純仰望星空，就只會看見「理所當然存在的星星」，但若有了天文學和宇宙物理學的知識後，看星星的方式就會大為不同，有時還會從中找到新發現和感動。

另外，柏拉圖還提倡以「辯證法」（Dialectic）作為思考的技術，以追求肉眼看不見的世界。

「（略）一個人先透過哲學式的對話、問答，藉由理性、而不依賴種種感官，然後一直鍥而不捨，直到僅透過知性的思維，直接掌握善的本質為止，他才算抵達了思維世界的終點了。」

這並非特別的方法，而是在柏拉圖的著作中，蘇格拉底一貫實踐過來的問答本身。蘇格拉底所做的是時時藉由對話探究真理，有時兼而教育。

## 最理想的國家體制是什麼？民主制還排不上前三名

第八卷中，則是將國家的體制分為五種類型，再分別具體論述。

首先最理想的是「菁英政治」，指的是由擁有最優秀的靈魂，也就是擁有熱愛智慧和探究真理之靈魂的哲人來統治國政，這種人或許也稱得上神聖。假如這種靈魂存在於整個國家，就會實現圍繞在真理和友好中的烏托邦社會。雖然這種體制現在還不存在，但他主張應該新設立一個。

次佳的是斯巴達式的「勛閥政治」，粗曠的氣概和節制的德性存在於整個國家，發揮健全而強大的力量。第三名是由貴族統治的「寡頭政治」，雖然劣於勛閥政治，不過貴族至少擁有源於強烈榮譽心的品德，會試圖維持國政到能裝體面的程度。然而，到了第四名「民主政治」，則會連這樣的品德都消滅，留下肆無忌憚的貪婪和放蕩不羈的罪惡。當時的雅典就是典型的例子。

第五名則是最惡劣的「專制獨裁政治」，所有的國民歸入卑鄙靈魂的統治者之下，將會讓世界充滿不正義和仇恨。這種批判也不斷出現在接下來的第九卷中，可見柏拉圖對於僭主的憎惡有多大。

不過，單由一名統治者管理國政，從這層意義上來說，「菁英政治」就和「專制獨裁政治」相似。無論哪一種體制，國民除了一個人之外，都會成為被統治者。要說是由什麼區分這兩者，答案就是統治者靈魂的優劣。被統治者需要對此有所自覺，在內心尋求具備哲思和神聖的統治者。說得直接一點，就是第九卷以下的部分：

「（略）我們並不認同人們應該成為僕人、接受對自己有害的統治所支配，像沙拉敘馬霍斯說的那樣，而是期望最好每個人都接受神聖和智慧的管理，如果可能的話，這種管理最好來自自己的內在。否則的話，即便是藉由外部施加也比較好，為了使我們每個人都能接受同樣的指引，成為盡可能彼此相似、平等與和善的人。」

就如前面所言，目前尚未出現統治者，能體現柏拉圖提倡的哲學家國度。然而，在柏拉圖過世後約四百年，自稱「神之子」的耶穌，誕生在巴勒斯坦的土地上。爾後耶穌建立的基督教維持兩千年不墜，推動邁向世界宗教的腳步。假如從這個觀點回顧，柏拉圖的意見可說是極具啟發性。

## 描述死後世界的「厄爾故事」——每個人的一生都是自己選的

最後的第十卷中，則是將神聖的思想推上檯面，描述生前正義或不正義的人來到的死後世界。

柏拉圖指出，即使人類的肉體消亡，靈魂也不滅，總有一天又會寄宿在別的肉體復活。不過在這段過程中，需要接受「神的審判」。生前行善的靈魂會召到天上受祝福，行惡的靈魂則會落入地底的地獄。而在一千年之後，每個靈魂都會獲得新生。

這裡要介紹英勇戰士厄爾（Er）的故事。他在戰場上戰死，預計要在十天後埋葬，但在其他屍體盡皆腐爛時，唯有他的屍首維持生前的模樣。於是眾人將他歸還原家，決定十二天後火葬，結果在火化的前一刻，他在柴堆上復活了。神在「神的審判」現場授予他一項任務，就是向人類報告死後的世界。

「（略）總而言之要點如下，厄爾告訴人們，每個人對於所有他生前行惡事的對象、對多少人行罪惡之事，靈魂都會順應所有的罪孽而依序接受處罰。每一項罪都必須以十倍（不斷重複十次）來償還。也就是說，人若以一百年為一世，那就是以一百年為一次計算的基準來計算十倍，例如有一個人背叛祖國和軍隊，造成許多人死亡，或曾使得許多人淪為奴隸，或參與過其他一些壞事，那麼他就必須為每一件罪惡受十倍的苦難。同樣，如果一個人做過善舉，或是一生為人正義和虔誠的話，他也會以同樣的比例得到償還。」

那麼，這些受到償還和懲罰的靈魂，之後會怎麼樣？回歸的靈魂會在原來的地方度過七天，第八天就要啟程去旅行。到了旅行的第四天，會看見一道像柱子般、從上方貫穿天地的光束，再走一天到達光柱所在地後，則會發現那道巨大的光柱，是綁縛天球的光束繩索。

靈魂到了那裡，女神就會透過神使，將「命運之籤」和「生涯的樣本」交給他。籤上寫著號碼，輪到自己的編號之後，就從「生涯的樣本」當中選擇來生。

「那裡有所有種類的生涯樣本，包含各式各樣的種類，有各種動物和各種人的，其中也包含獨裁者們的生涯：有終身在位的，也有中途垮臺後消滅的、以窮困潦倒和被放逐告終的、或最終成了乞丐。也包含知名男人們的，有聞名於美貌和外型的、或是身體強壯的、勇敢威武等；也包含出身高貴、有先祖功名庇蔭的知名男人，以及出身卑微的；還有包含女人的各式各樣生命。」

蘇格拉底（借用蘇格拉底之口的柏拉圖）說明，為了不在這一瞬間選錯人生，人類必須不斷學習。另外，當時的神使還對靈魂說出以下這段話：

「即使是最後一個選擇的，如果小心挑選，仍能獲得一個滿足、不差的生活，只要他生活努力、認真。願第一個選擇者不可不慎，最後一個選擇者不必絕望！」

不過，根據厄爾的觀察，抽到一號籤的人既膚淺又貪婪，選擇了「大獨裁者」的人生。通常越是在天上生活過的靈魂，因為未曾透過苦惱獲得教訓，就越容易選擇安逸的人生。反倒是待過地下地獄的靈魂，則會慎重的做出明智的選擇。

順帶一提，這時奧德修斯的靈魂，也就是第一章介紹過的荷馬敘事詩《奧德賽》的主角，碰巧抽到最後一號籤。由於他「沒有忘記前世的辛苦勞累，追求名利的雄心壯志也已經枯竭」，而選擇了平凡無奇、不投入公共事務的人生。他高興的說，即使抽到一號籤，也會選擇這個生涯。

當所有靈魂選完新的人生後，就會陸續被帶到「忘川」，飲用其中的河水，這樣就可以如其名一般忘記過去的一切，但只有厄爾因為任務在身，而不許飲用。

當天的深夜，雷聲陣陣，大地晃動，所有的靈魂就像流星一樣飛走。接下來就要在新的地方展開新的人生。另一方面，厄爾見證這一切之後，接著睜開雙眼，就發現自己的肉體躺在火葬的柴堆上。於是厄爾起死回生，將死後世界發生的事情說給眾人聽。

## 所有的道路都能通往幸福

這一連串的故事當中，柏拉圖透過蘇格拉底的口這樣說：

「必須了解家世好壞、私人與公領域的地位、身體強弱、學習敏捷或遲鈍，以及一切諸如此類先天或後天的種種特性，和靈魂交互作用後又會發生什麼影響。只有在考慮了所有的一切之後，一個人才有可能做出正確的選擇。我們必須一邊觀察靈魂的本質，一邊選擇更加善或更加惡的生活，將那個使靈魂導向更不正義方向的生涯，稱為惡的生涯；將那個使靈魂導向更正義的，稱為善的生涯，其餘的一切概不考慮。因為我們已經認知到，無論是對活著的時候還是死後，這是最好的選擇。

（略）因為唯有如此，人才有可能成為最幸福的。」

而在該書的最後則總結如下：

「如果我們相信這個故事，它就能拯救我們，使我們能安全的渡過忘川，並且不讓我們的靈魂受到汙染。如果大家願意遵從我的建議，相信靈魂是永恆不朽的，它能忍受一切好的和壞的遭遇，我們就不會偏離、一直走在向上提升的道路，用盡一切努力、智慧，在各方面遵循著正義，無論當我們在這世間，還是當我們像競賽勝利者繞場接受獎勵那樣，當我們接受正義的獎章時，我們能和自己、和諸神為友，在此生也好，在我們剛才描述的那一千年的旅程中也好，我們都能獲得幸福。」

無論處在什麼境遇，靈魂都必須高尚，保持節制，時時追求「善」。這絕不是苦差事，反而是最接近幸福的道路。我們閱讀《理想國》到這裡，相信各位都能夠感同身受了。

## 真希望我20歲時修過這堂課

**・哲學的開端——柏拉圖（西元前四二七年～西元前三四七年）**

「美善理型具備宇宙般的廣度，擁有罕見的理性力量，能夠觀察到這一點的人，才能成為領袖，藉由善的光芒普照世人。」

柏拉圖是古代希臘哲學家，既是蘇格拉底的門徒，也是亞里斯多德的導師。

柏拉圖的思想是西洋哲學主要的源流，甚至還有學者（譯註：指懷海德〔Alfred North Whitehead〕）認為「西洋哲學的歷史，就是對柏拉圖的一大註腳」。柏拉圖著有《申辯篇》、《理想國》等諸多作品，現存著作絕大部分是對話錄的形式，其中多半以蘇格拉底為主要的談話者。

柏拉圖四十歲時，在雅典的郊外創辦柏拉圖學院。課程以教師和學生的對話為中心，除了哲學和政治學以外，也傳授天文學、數學和生物學等課程，亞里斯多德就是學生之一。

第五章

# 倫理學：造就恰到好處的教養

亞里斯多德的九種中庸之德，共通點就是「剛剛好」。
怎麼定義揮霍與吝嗇？節制與放縱又該怎麼拿捏？
這些人生中的課題沒有正確答案，只能依靠經驗來學習。

現在要再次回到教宗宮（Apostolic Palace）之中的拉斐爾畫作〈雅典學院〉。畫作的中央是右手指著天空的柏拉圖，他的身旁則是右手指著大地、呈鮮明對比的亞里斯多德（西元前三八四年至西元前三二二年）。他與蘇格拉底、柏拉圖並稱為西洋最偉大的哲學家之一。由於他多方面的大自然研究成就，所以又稱為「萬學之祖」。另外，他還以馬其頓亞歷山大大帝年輕時的家庭教師而聞名，後來這位帝王藉由東征而建立大帝國。

原本亞里斯多德是柏拉圖的門徒。他在柏拉圖設立的「柏拉圖學院」度過二十年左右，想必受到相當的薰陶。實際上，在他的著作中，有很多地方可以感受到導師的影響。

## 亞里斯多德為什麼指著大地？

另外，亞里斯多德晚年在雅典郊外創辦「呂刻昂學院」（Lyceum），經常與弟子一起在學院內的走廊邊逍遙（漫步、散步）邊論戰，所以亞里斯多德學派就稱為「逍遙學派」。雖然和柏拉圖學院是類似競爭的關係，但在西元五二九年、東羅馬帝國查士丁尼一世的時代，仍以「異教設施」為由遭到關閉。

無論是柏拉圖和亞里斯多德，致力的主題都不僅是個人的問題，而是國家之類的集團組織要如何變得幸福。兩人皆對雅典的民主制表示疑義，而且也同樣厭惡獨裁僭主。

**圖表5-1　柏拉圖和亞里斯多德分別意指理型與實踐**

柏拉圖進而談到統治者靈魂的問題。他設想桃花源會有的理型，提倡要通往這個目標，就少不了善、德性和高潔。所以會如前一章所提到的，連死後世界中的靈魂審判軼事都要提出來。

亞里斯多德也認為善才會將人類導向幸福。不過他關注的是國民，而非統治者，還認為關鍵在於作為實用技術的政治，而非理型。〈雅典學院〉中的他指著大地，就是其象徵。

## 幸福的關鍵在於政治

亞里斯多德認為，人類的本性是熱愛智慧。希臘文稱之為「愛智」（*Philosophia*），「*Philo*」的意思是「愛」，

「*sophia*」是「智」，這個詞就成了歐洲各國語言中，意指「哲學」詞彙的語源。

亞里斯多德也和柏拉圖一樣留下大量的作品，雖然許多已經失傳，但種類也橫跨多方面，包括政治學、倫理學、生物學、動物學、天體學、自然哲學、戲劇學，以及效仿柏拉圖的對話錄等。這些也為伊斯蘭哲學、中世紀經院哲學，以及近代哲學和邏輯學，帶來莫大的影響。

對於亞里斯多德來說，這些都屬於愛智。換句話說，哲學指的就是滿足智性需求的行為本身及其結果。假如要這樣定義，則現在的學問幾乎都屬於哲學的範疇。

本書會先介紹其中以善與幸福為主題的《尼各馬可倫理學》。〈雅典學院〉畫作中，亞里斯多德左手拿的就是這本書。「尼各馬可」是他兒子的名字，他把倫理學相關的多數著作編成這一本書，故有此稱。

《尼各馬可倫理學》和前一章提到的《理想國》同樣是巨作，總共由十卷組成，內容從善的考察出發，說明倫理上的「德」（慷慨、大方、大度、溫和、友善、誠實、機智、羞恥）和理智的「德性」（科學、技藝、明智、睿智〔Nous〕、智慧）。

順帶一提，「卷」指的是由莎草紙相接的卷軸。所以能寫進去的分量是有限制的，不一定像今日書籍的「章」一樣，依照內容清楚劃分。

首先，耐人尋味的是對於德的看法。柏拉圖將德分類為藉由習慣累積而得，與藉由探究真理而得，進而將重點放在後者上。前者只是後者的「擬像」。

比如《理想國》就描述如下：

「現在一般被稱作靈魂之德的，雖然有各式各樣，但事實上或許近似於肉體的優點，不是身體裡本來就有的，而是靠後天的習慣和練習，於內在形成的。但是只有關於理解事物的智之德，似乎屬於更為神聖的。」

「（他）在前世，因為生活在一個循規蹈矩的國家裡，他的美德僅是透過習慣的力量而具備，而不是經由追求真知（哲學）。（略）因為他們不是透過苦難而獲得教訓。（以下略）」

藉由習慣和富足的環境學到「德」十分簡單，但光是這樣還不夠。真正的德性需要自己努力、辛苦抓住它。

相形之下，亞里斯多德則在《尼各馬可倫理學》的開頭宣告「至善帶有政治意義」：

「每種技藝與研究，以及同樣的，每種實踐與選擇，都是要追求某種善。所以可以說，所有事物都以善為目的。」（《尼各馬可倫理學》，岩波文庫，以下同）

「所以政治的終極目的必定是屬於人的善。儘管這種善在個人和國家是同樣的，但達到國家的善並保全住它，是更重大、更終極的。（略）既然我們的研究，是追求這樣的事物，在某種意義上，這也是一種政治學上的研究。」

另外亞里斯多德還指出，探求政治學的關鍵在於實踐，而非知識，甚至還說順應情感而學到的知識沒有益處，就像是否定柏拉圖一樣。關鍵在於重視習慣，讓人養成善的習慣的政治才是要緊的，所以要講究立法和行政的方法。

## 倫理是藉由習慣和經驗而得

以下是《尼各馬可倫理學》的概要。

第一卷就如前面看到的，是在描述政治的重要之後，談到幸福的課題。到頭來，那才是善的極致，每個人的終極追求。但是，每個人對於幸福的看法不同。讓每個靈魂保持良好狀態方為幸福，這並非一日就能達成，少不了要長年累月培養習慣。良好的措施可以實現這一點，也就是政治。

亞里斯多德追求現實主義，當然就會否定柏拉圖提倡的理型論。所謂人類共通的終極理型並不存在，與每個人應當追求的善不同。

「（關於理型）就算有某種單一存在的善，述說著關於所有善的一切，或者是獨立的、絕對的存在，它也顯然不是人們應該實行和獲得的善。」

而且亞里斯多德還嘗試具體分類「屬人的善」。首先，人類的心靈可以二分為沒有理性（Logos）的部分，和擁有理性的部分。

再者，這兩個部分還能再二分。沒有理性的部分可分為「掌管生物生長的植物性部分」和「掌管欲望和欲求的部分」，其中前者不會稱為人性的卓越。相信大家很容易就能了解這個部分。

那麼，後者的「欲望和欲求的部分」是怎麼一回事？假如這個部分受到理性壓抑，就會化為非理性、卻與理性密切相關。換句話說，理性與「欲望和欲求的部分」時常處於呼應狀態，相互影響。

另一方面，擁有理性的部分，則可分為「理性實際運作的領域」和「藉由過去的思考和經驗累積形成的行為規範領域」。其中前者稱為理智，後者稱為倫理。亞里斯多德形容理智是自己內心具備的理性，倫理則像是聽從父親的話。

與此同時，人性的卓越亦可二分為智慧、明智等「知性的卓越」，以及慷慨、節制等「倫理上的卓越」。柏拉圖重視前者，亞里斯多德則著眼於後者。這要藉由習慣獲得，稱為「*Ethos*」，這也是「倫理的」（*Ethike*）一詞的語源。

順帶一提，我們平常使用的禮儀（Etiquette）語源就是「倫理的」（*Ethike*）。禮儀的確有很大一部分，要仰賴藉由後天習慣獲得的倫理。亞里斯多德將之定義為心靈理性運作的一個分類。

## 習慣是培養「靈魂」的關鍵

接著，亞里斯多德針對倫理，深入探討「人該獲得的善」。

就如前面所言，「倫理上的卓越」是藉由習慣養成。反過來說，人類天生就不具備這種特質。不過，人類早已經準備好要接受倫理上的卓越，能夠藉由培養習慣來彌補不足，進而獲得善。

以下淺顯易懂的陳述，即可說明這一點：

「比如，我們通過建築而成為工匠；通過彈奏豎琴而成為豎琴手。同樣，我們通過正確的行為，成為公正的人；透過節制的行為，而成為節制的人；透過做事勇敢，而成為勇敢的人。」

「我們正是透過與他人社交中的諸多行為，有人成為公正的人，有人成為不公正的人；正是由於在危急時刻中實際採取的行為不同，也就是在恐懼或淡然之下所培養的習慣不同，有人成為勇敢的人，有人成為懦夫。關於欲望與憤怒的諸多行為也是一樣，由於在具體情境中採取各種行動，有人變得節制而溫和，有人變得放縱而慍怒。簡言之，是基於一個人採取的行動方式不同。（略）從小的時候或是行為中養成的習慣，或是其他行動所培養的習慣，之間的差異絕不是小事，恰好相反，它非常重要，或寧可說，它就是一切。」

亞里斯多德說明其中的關鍵在於政治。培養國民良好的習慣，是立法者的職責，成敗與否將會讓國政變好或變壞。換句話說，居上位者需要適度了解人的「靈魂」和改善靈魂的技能，其重要性就類似於醫生。他描述如下：

「但若是這樣，政治家、政治學徒就需要對靈魂的本性有某種程度的了解，就像打算治療眼睛或其他身體部位的人一樣，需要了解人體。因為政治學比醫學更好、更受崇敬。聰明的醫生總是下功夫研究人的身體，政治家、政治學徒也得下功夫研究靈魂。不過，也必須是為了這樣的目的而做相關研究，並且要充分研究到，足以追求滿足目的的程度。」

## 九種中庸之德，無關好壞，只看是否恰到好處

第二卷到第六卷是將「德」再嚴格細分，加以定義。這是該書最重要的部分。

該書指出，「德」分為勇敢、節制、慷慨、大方、大度、友善、溫和、誠實及機智這九種，一看就會發現，這些也是西方社會中騎士精神和紳士的雛型，由亞里斯多德塑造而成。從這一點亦可清楚得知，為什麼西方社會的菁英，必須學習亞里斯多德。

以下將試著簡要歸納其具體論點。

首先，「有德之人」具備什麼樣的形象？或許應該是累積各種經驗的中、老年一代，而非血氣方剛的年輕人吧？換句話說，德並非生來就有，而是隨著年齡和經驗滋養而來。

所以就算「有德」，展現的特徵也因人而異。有人勇敢，有人溫和，有人則充滿機智。這取決於那個人在身處的環境中累積什麼樣的經驗，在不同的情境、狀況下，怎麼決策與應變。

人類有推理的能力。只要掌握某個狀況，就會思考為達目標而要做什麼選擇，再做出最好的決定。此外還會驗證結果如何，要是不順利就一一修正，以作為後事之師。

剛開始時，會一邊在腦中拚命思考，一邊實行這種決策和應變。但若同樣的狀況持續下去，就會在反覆嘗試中逐漸熟悉，也就是化為習慣，這就是那個人的德性，某些情況下會變成罪惡。

接下來就以此為前提，概觀前面列舉的九種德性。

首先是勇敢，過多則魯莽，過少則怯懦。而節制，是能警惕自己不要沉溺欲望。亞里斯多德定義的欲望，不是美學或知性上的事物，而是指肉體方面，也就是性慾和食慾。沉溺於欲望就會放縱，反之過於無欲，則會變成冷漠的人。

慷慨，指的是運用金錢的方法要適當，否則就稱為揮霍，但若過於儉約，也會變成守財奴。大方，雖然也很類似，指的卻是為了獲得世人尊敬而適當使用金錢。假如偏向虛榮，就會招來浪費和惡名，捨不得花錢就會變得寒酸。

大度，指的是洞見和展現自己的存在價值。過度就變得傲慢，反之動輒看輕自己，就會顯得卑屈。

溫和，與如何應對憤怒的情緒有關。即使內心憤怒，也要記得不被怒氣左右。要是無法控制，別人就會批評你慍怒和固執。反之，該憤怒時不憤怒，則稱為麻木和沒有氣概。

友善，簡單來說就是待人接物的方式。不單只是溫和待人，有時提出忠告也是友善的一部分。做得過頭會淪為諂媚，其中隱藏內情或陰謀就稱為「佞人」，但若完全沒有表現親和的態度，則會讓人留下不愉快的印象。

誠實，與待人接物有關，指自己如何表達。在乎排場和體面的心人皆有之，不可能完全消除。關鍵在於分寸，做得過頭是自誇，壓抑過頭是自貶。雖然謙虛是美德，但如果超過分寸，只會令人不快。

最後的機智，指的是說話要因時、因地、因場合制宜。假如能夠開玩笑、緩和緊張的氣氛，就會讓周圍的人高興。不過說笑時弄錯場合，就會讓人敬而遠之，而一個玩笑都不開，別人則會批評你呆板和無趣。

以上九種德性都有個共通點，無論朝哪個方向，做得過頭就沒有意義，然而年輕時也可能只顧著勇往直前，這就是所謂的年輕氣盛，所以要歷經慘痛的教訓並反省，下次再找出更適合的妥協點。

不斷重複累積經驗的過程中，將會逐漸學到依照狀況斟酌或「抓重點」。這就是亞里斯多德提倡的知名理論，稱為「中庸之德」。習慣會依經驗的種類和多寡而異，形成一個人獨特的「德」，只要這樣想就很容易明白了。

另外，第五卷還探討德性之一的「正義」。

柏拉圖利用意見（*doxa*）這個概念，說明何謂正義。就如前一章描述的「生活在洞穴深處之人」，許多人只會呆呆的追逐影子，看不見真正的世界，所以只會憑臆測判斷，無法正

## 圖表5-2 亞里斯多德設想的九種「中庸之德」，和作為第十種德性的「回報式正義」

| | 過少 | | 中庸 | | 過多 |
|---|---|---|---|---|---|
| 1（關於恐懼） | 恐懼、怯懦 | ↔ | 勇敢 | ↔ | 無畏、魯莽 |
| 2（關於快樂） | 冷漠 | ↔ | 節制 | ↔ | 放縱 |
| 3（關於金錢的使用方式） | 吝嗇 | ↔ | 慷慨 | ↔ | 揮霍 |
| 4（關於舉辦典禮等活動） | 小氣 | ↔ | 大方 | ↔ | 虛榮、粗俗 |
| 5（關於自我意識） | 卑屈 | ↔ | 大度 | ↔ | 傲慢、倨傲 |
| 6（關於憤怒） | 麻木 | ↔ | 溫和 | ↔ | 慍怒 |
| 7（關於待人接物……1） | 自貶 | ↔ | 誠實 | ↔ | 自誇 |
| 8（關於待人接物……2） | 乖戾、討厭鬼 | ↔ | 友善 | ↔ | 諂媚奉承、佞人 |
| 9（關於幽默） | 呆板 | ↔ | 機智 | ↔ | 滑稽 |
| 10（關於社會關係） | 不當榨取 | ↔ | 正義、回報 | ↔ | 不當利得 |

確行動。這就是意見。換言之，就是要走出洞穴，沐浴在太陽光當中，了解理想的樣貌（理型）。也就是說，想要獲得知識，就少不了實踐正義。

## 「正義」是平等和公正

然而，亞里斯多德的想法不同。知識有時的確對靈魂的功能有所幫助，不過正義受倫理部分的影響很大。換句話說，就是要藉由長年的習慣逐漸學會。

所以要先將正義劃分為廣義的「守法」和狹義的「平等」。前者指的是在一般正義的解釋下，遵循社會的規則，行正確之事，為此感到喜悅，或是追求正確的狀態。換句話說，所有的美德都可以理解為正義。另外，假如正義的相反詞是「罪惡」，其定義就是藉由違反社會的規則獲得利益，或是對此不具備罪惡意識。

另一方面，狹義的平等式正義，則是從自己和他人的利害關係來定義。概括來說，就是兩者之間的不均衡改正到什麼程度，能否獲得公平感。

假如套用前面的中庸來思考，以自己的利益為優先，榨取對方的行為就是不當利得。反過來說，總是受到威脅、欺騙，財產遭人奪走則是不當榨取。顯然這兩者都不好，從中間找出平衡點的行為就是正義。又或者，改正不平等和社經差距，賠償因為不當及過失而蒙受的

## 圖表5-3　作為第十種「德性」的「回報式正義」（基於公正精神的正義）

### 廣義的「正義」＝「善」＝「德」的全貌

**蘇格拉底和柏拉圖的闡釋**

- 國家要充滿重視「正義」和「善」的精神才「幸福」。
- 普及這項認知是第一要務。
  →「美善理型」的概念
  →靈魂在死後世界受到審判的〈厄爾故事〉

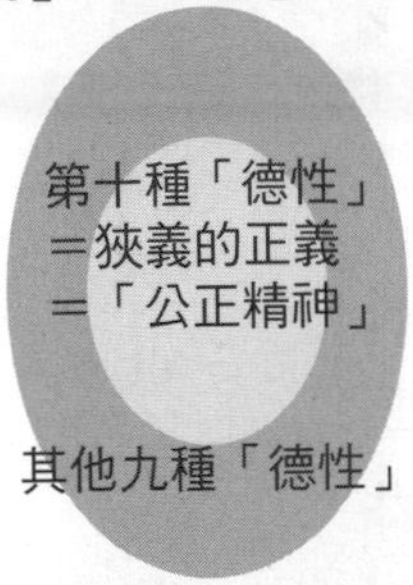


**亞里斯多德的闡釋**

- 「正義」有形形色色的解釋。有時指稱一切「善」和「美好」，有時則狹義解釋成「回報式正義」（公正精神）。
- 狹義的「回報式正義」（公正精神）和其他九種「德性」一樣，能夠藉由習慣獲得，堪稱為第十種「德性」。

亞里斯多德留給後世的貢獻甚多，其中最大的是什麼？

其師柏拉圖藉由蘇格拉底之口，這樣描述道：「因為我不知道究竟什麼是正義，也就沒法知道正義是否真的是一種美德，也便無法知道擁有正義的人，究竟是痛苦還是快樂的啊！」（《理想國》第一章末尾）

然而，柏拉圖的著作中找不到這個問題的明確答案。顯然是在沒有明確定義下，逕自將正義或善當成「美好的事物」，再假設「應當重視這件事」。

而就如前面所言，柏拉圖藉由以下兩項措施，試圖調和他們所指出的「個人和國家兩種層次的幸福」：

（1）要將這項認知（應當重視正義）普及到世上（〈厄爾故事〉）。

（2）培養領袖體現「美善理型」。

亞里斯多德的高明之處，是將「正義」區分和歸納成廣義和狹義兩種情況，再巧妙釐清要以回報式正義為宗旨，亦即「平等」，社會總體的公正和公平，作為行動規範。這也屬於「德」之一，和其他九種德性一樣能夠藉由習慣獲得。

而且，《尼各馬可倫理學》的第五卷都在探討「正義」。與其他九種「德」相比，分析得格外詳細。想必這是重要、不可或缺的「德性」。

亞里斯多德提倡具備「公正精神」，作為個人層次和國家層次的基礎。

或許，師祖蘇格拉底和恩師柏拉圖尋求的「美善理型」，最後就是由門徒亞里斯多德解開其真面目。

損失，這類的矯正行為也還是視為正義。

無論如何，只要自己實踐正義，別人也會帶給你正義。從這種意義上而言，正義亦可說是「回報」。這樣說來，正義就不只是關於自己的問題，也關乎他人和整個社會。

正因如此，才應該在國家層次上追求正義。不只是自己，對別人也要以美德相待，找出快樂的平衡點。皆由這樣的人組成的正義國家，才稱得上是幸福的社會。這個構想也和下一章要談到的《政治學》相關。

## 彼此友愛，自然就不需要正義

接下來稍微離題。通往正義之道，就是第八卷所描述的「愛」（*Philia*，友愛），後來的基督教中經常出現愛的概念，原點就在於此。

原本值得愛的對象就是善、令人愉悅、有用這三種。不過，其中的「令人愉悅」和「有用」，充其量是以「對自己來說」為前提。一旦失去這項前提，對方在自己心目中既不令人愉悅也不有用，愛就會消失。正因如此，愛才容易失去。

另外，追求愉悅和有用，往往會讓惡人結為同黨。有時好人和壞人之間，也會產生契約關係。然而，就像俗話說「只認錢不認人」一樣，一旦失去愉悅和有用，當下關係就會解除。

就這一點來說，善者之間的友誼，是將愉悅和有用置之度外的人際關係，不會那麼輕易斷絕。亞里斯多德將之定義為至高的「愛」。接著他繼續說道：

「也只有好人之間的愛，才是不受誹謗所侵害的。的確，對一個久經自己考驗的人，我們不會相信別人所說關於他的閒話。真正的善人擁有這樣的信任，預測對方永遠不會做不公正的事，以及其他的愛中所要求的種種條件。這世間有其他種類的愛，但是，卻不能保證不具有這種危險。」

好人覺得「身為好人」本身就令人愉悅，即使彼此不追求愉悅和有用，也會維持良好的關係。而且只要彼此是好人，這份關係就不會改變。另外，好人是由前面提到的德而來。越是藉由長年習慣培養而成的，就越不會那麼輕易毀壞。換句話說，正因為是至高的愛，才容易無條件存續。

假如眾人對彼此友善，均衡和平等自然會成立。既然如此，也就不需要正義了。正義的最高境界是愛。若以國家層次衡量，所有為政者的目標，都應該是建立一個讓國民以愛相繫的國家。

假如將以上的論點視為理想，下一個該考慮的是該怎麼實踐以接近德。關於這一點，就又要回頭看第三卷提及這一點的段落。

根據書中的說法，與德關係最密切的就是「選擇」。選擇就是「考慮」，與希望、欲望和怒氣不同。指的是制定某個目標後，再思考自己能力所及的範圍內，要以什麼樣的方式和手段達成目標。

當然，假如有好幾個選項，就要衡量一下其中最好的辦法是什麼。如果選擇只有一個，則要探究具體的方法，或是設想接下來能夠做出什麼選擇。以現在的話來說，就是累積「解決問題的思考」，就會形成那個人的德。

## 思考有五種模式，人際關係中最重要的是明智

第六卷則試圖詳細分析何謂思考。要思考和選擇有德的行動，就需要夠高的意識和智慧。亞里斯多德指出，思考大致可分為五種模式。

第一個是科學（*Episteme*），指的是憑藉確鑿證據得知的學問，就像是讀教科書之類的活動。第二個是技藝（*Techne*），指的是關於「製作」的知性，不妨想成藝術家和建築師的技能與創意。第三個是睿智（*Nous*，努斯），是指不屬於知性能力範疇，靈光一現的急智，就是所謂的直覺。第四個是明智（*Phronesis*），指的是能在曖昧的事態中找到目標，實際判

斷善惡。第五個是智慧（*Sophia*），指的是觀察和研究時，不參雜主觀的知性。

蘇格拉底和柏拉圖認為正義、美善及幸福是「智慧」。相形之下，亞里斯多德則重視「明智」，英文以「wisdom」表示，假如說「The man is with wisdom」，意思就是「這個人懂得巧妙梳理每個場合發生的各種問題」。

掌握這種技巧的是善於考慮的人，比單純擁有知識還有益。書中為了清楚表達這一點，而舉了以下的例子：

「比如，如果一個人知道『雞胸容易消化、有益健康』，卻不知道何為雞胸，他就還不如一個知道『雞肉有益健康』的人，更能讓身體健康。」

明智，在人際關係中扮演的角色尤為重要。人類是社會的動物，要怎麼在群體中行動，是恆久以來的課題。為求應對得宜，就少不了明智。

從亞里斯多德認為的德，至今仍作為西方紳士風度的標準一脈相承，就可知曉這一點有多麼切中要害。紳士風度，換個詞來說，就是高尚。人生當中重要的命題，早在兩千四百年前，就有人表達得很貼切。

例如，每當面對恐懼時，要怎麼行動？無論是魯莽行事，或是反過來呆若木雞，都稱不上高尚。另外，順從欲望而失去自我，或是貫徹禁慾而錯失難得的機會，就無法提升自我。總之，就是需要發揮明智，尋求屬於自己的最佳解。

面對金錢的態度也很重要。生活中需要謹記讓資產和收入平衡。只會浪費和散財無法維繫生活，但若過於吝嗇，交際範圍就會縮小。平時有很多情況需要用到錢，包括教育、社交、醫療、看護和貢獻社會等，什麼開支要控制，什麼開支要捨得，需要的依然是明智。

還有，與人交際也是不可避免。對人既不能傲慢、也不能卑屈，自戀會惹人嫌，自虐會遭輕視。禮儀固然重要，太過拘謹也會讓人敬而遠之。**教養固然重要，過於賣弄卻會顯得沒教養**。

這些都是人生中屢屢碰到的課題，沒有正確答案，只能由每個人依當下的情況判斷。這就是明智，日積月累就會形成為人，那就是「德」。

## 人為什麼無法克制欲望？

接下來在第七卷，就談到與美德相對的「惡行」。亞里斯多德指出，罪惡的人指的是對於先前所描述的人生諸多課題，不以正道來處理的人。

因為年輕氣盛而屢屢失敗，這是人生的常事，不會稱為「惡行」。反倒是沒有這段時期，就無法滋養德性。但若總是重蹈覆轍，終究會變得理所當然。惡行與美德一樣會藉由重複的行為化為習慣，成為一個人的習性，所以要探討如何才能發揮明智，修正軌道。特別應該嚴厲譴責的對象，是關於「欲望」的惡行。這種觀念是美德的基準，同時也大大影響西方社會善惡概念的形成。

不過，就算不到「惡行」的程度，我們有時也會「判斷正確卻未伴隨行動」。也有不少情況是「明知是惡卻忍不住去做」。亞里斯多德稱之為「不能自制」，並探尋其原因。

首先，蘇格拉底和柏拉圖提出原因在於「無知」。這兩位哲學家認為，不能自制的人會走入歧途，是因為他們以為的正確知識，其實只是在洞穴深處看到的「意見」。只要學習更符合理型的正確知識，自然就不會做出錯誤的行動。相形之下，亞里斯多德則嘗試論述得更詳盡，從根本探求「知道」是什麼樣的狀態，遇到什麼場合就無法正確付諸實行。

這裡可以舉出幾種可能性，比如現在眼前有甜食。我們知道「甜食很好吃」，同時也知道「（吃太多）甜食對身體不好」。那麼該以何者為優先？

人在大多數情況下會被身體的欲望所驅使，而以前者為優先。雖然從後者的知識來看，是不能自制，但從前者的知識來看，則是正確的行動。換句話說，陷入不能自制的情況，不能一概稱為無知。

然而，亞里斯多德並不苟同「不能自制」。人類往往會用對自己方便的知識，對欲望推波助瀾，這也是失敗之一，所以才需要藉由習慣，學習更正確的知識，提高「德」。

## 能夠藉由累積德性獲得的快樂

在最後的第十卷，則在討論與幸福相似的概念——「快樂」。快樂的種類五花八門，不過書中的結論是，**幸福的人能夠享受累積德性而得到的快樂**。

歸根究柢，柏拉圖提倡藉由「智慧」獲得幸福，亞里斯多德並不否定這一點。只要能夠盡量磨練智識，以冷靜客觀的態度處世，那才是終極的幸福。然而，沒有多少人能夠做到這一點。但這就表示那些人不會變成好人嗎？答案並非如此。書中提倡要退而求其次，藉由「明智」，將美德銘刻在道德觀上。在最後的部分，陳述如下：

「如果要成為好人，就必須如所說過的——預先得到妥善的培育並養成良好的習慣，並且以其為基礎，生活在好的行為中，而不出於自身意願或違反意願做壞事；為了要實現這一點，人們的生活必須被某種睿智（努斯）所規律，必須藉由某種具有強權的正確指令所規律，一個人就能夠這樣生活。」

也就是說，關鍵在於政治。書中也談到「法律就像是政治學的作品」。那麼，該怎麼建立這樣的國家？關於這一點，下一章介紹的《政治學》，將會詳細描述這一點。亞里斯多德研究各種國政的情況，具體舉出國政的領袖應有的「德」，同時提出國政的安定，才是每個人幸福的基礎。

真希望我20歲時修過這堂課

·萬學之祖——亞里斯多德（西元前三八四年～西元前三二二年）

「人類可以達到的至善，應能讓人類的靈魂運作得更完善，擁有政治和法律的力量，養成符合道德的習慣。」

亞里斯多德是古希臘哲學家柏拉圖的弟子。與蘇格拉底和柏拉圖一樣，常被視為西洋最偉大的哲學家之一，由於其多方面的自然研究成就，所以又稱為「萬學之祖」。另外還以亞歷山大三世（大帝）的家庭教師而聞名。

亞里斯多德指出，生物和無生物的區別在於「靈魂」（Psyche）的有無。具體來說，靈魂是依營養攝取能力、感官能力、運動能力和思考能力而定。另外，人類會藉由理性認識現象，與其他的動物有所區別。

對於人類來說，善就是幸福，靈魂運作得宜，就會帶來滿足。從整個社會來看，實現這一點是「政治」的任務。換句話說，政治必須是美善的棟樑，以帶來「至善」為目的。

**・教會用來規範蠻橫武人——騎士精神（Chivalry）**

中世紀黑暗時代的領主和騎士行事野蠻。他們獨占兵器和鎧甲，藉由世襲統治莊園，掠奪、強姦和其他殘酷行為是家常便飯。教會對此日益厭惡，於是就主導建立「騎士精神」的道德規範。

**・禮儀成就不凡之人——紳士（Gentleman）**

原本是指不勞而獲的地主貴族階層，後來政治人物、高級官吏、大學教授、軍官、醫生、法律人、聖職人員、銀行家，及其他高度專業的職種，也被視為「紳士」。除了家世和門第之外，教養和德性也是紳士的必備條件。

隨著大英帝國的擴張，富裕的中產階級擴大，也涵蓋在這個階級當中。英國將中產階級的上層納入體制內，藉由紳士確立統治體制。

第六章

# 政治學：國家的三種型態，哪種對人民最有利？

獨裁就是邪惡，民主就是正義？亞里斯多德認為政體沒有優劣，但應該追求混合民主制與寡頭制的中庸之道，為什麼？

《尼各馬可倫理學》描述個人的正義、美德和幸福，而《政治學》則是以國家層次討論這方面的著作。換句話說，就是在解釋什麼樣的國家體制才能讓人類幸福。

這本書寫作的年代不明，而且也不知這是由亞里斯多德本人所寫，還是由第三者整理的授課筆記。無論如何，這的確是事後將不同時期撰寫的文獻編纂而成的書。全書由八卷組成。其中第一卷到第三卷談論理想的國家形象，第四卷到第六卷談論現實國家論，第七卷到第八卷則在探討國家一般的情況。另外，這裡所謂的國家，指的其實是當時的都市國家（城邦）。

## 人是「政治的動物」

亞里斯多德也是動物學家，他認為人是「政治的動物」，先從考察其本性出發。現代也有個說法是「人是社會的動物」，原典就在於此。或者就如以下描述：

「人如果能達到完善的境地，就是動物中最為優良的，但當人離開律法與審判，則反倒成為最惡劣的。」

人之所以和其他動物大不相同，在於擁有語言，能藉此得以分享快樂和痛苦、利害和善惡，才得以形成城邦。反過來說，正因為建立國家，處於國政當中，人才得以為人。

不過，人類不可能時時處於最佳狀態，每個人的智慧與知識也有極限，這也就表示法治優於人治。因此人在城邦中共同生活時，就需要藉由法律制定統治制度。那麼，人最適合什麼制度？《政治學》的宗旨就是探討這一點。

這時定出的法律合不合理，就要靠許多人是否能夠接受來擔保。因此，這不是一朝一夕可以回答的問題，要藉由不斷嘗試、逐漸確立公評。換句話說，法律如果不立足於習慣，就沒有讓人服從的功效，要耗費長時間，逐漸獲得力量。《尼各馬可倫理學》強調習慣的重要，也成為這裡的基礎。

以上所言亦可從個人的立場說明。成為好人的條件在於自然本性、道理和習慣這三點。其中自然本性是天賦之物，個人無能為力。而要了解道理，則需要一定的知識、資訊和心理準備。不過習慣任誰都可以養成，而且也可以進而了解道理。

但是，養成習慣需要一定的強制力。政治就能夠實現這一點。以法律和習俗為工具，冀求「國家的善」，就是政治應有的模樣。

前面看到柏拉圖的《理想國》中，描述基於「理型論」的理想政治形貌。相形之下，亞里斯多德則徹底追求現實政治的形貌。

## 柏拉圖提倡財產國有化，亞里斯多德卻否定

亞里斯多德闡述中庸的重要，便象徵了這一點。一般來說，富有階層只知道統治，窮困階層只知道服從。這樣的社會既會因社經差距產生對立，同時也不會形成彼此都是國家成員這層意義上的友愛。要防止這一點，立法者既不該是富有階層、也不該是窮困階層，而要由居中者為之，也就是中庸。不用說，這仍是以《尼各馬可倫理學》的道德思想為背景。

另外，《理想國》也提倡財產國有化，假如能夠進而消除財富的差距，就不會因此發生不滿和對立。

然而，亞里斯多德從勞動和消費的觀點，明確否定這一點。假如勞動多的人消費少，勞動少的人消費多，前者當然覺得後者這樣不公平，反而會招來對立。這可以說是極為現代的論點。

而且他還提倡財產應劃分為「所有」和「使用」，作為解決措施。所有是個人為之，使用則可以共享。藉此既能由個人責任妥善管理，也會提高彼此的便利性。只要加強友愛的習慣和完備法律以實現這一點，就遠比國有化更能有益於「國家的善」。

「雖然財產是所有人各自擁有，但有些東西能對朋友產生效用，而朋友所持有的某些東

西也可以作為共享之物，比方說，斯巴達人就會使喚彼此的奴隸、馬匹與犬畜，像是自己所有一樣。旅程中糧食缺乏的時候，他們也會自行取用國內田野中的莊稼。很明顯財產雖是私有，但使用上可以共享，立法者的固有職責，就是在國民之間創造這種民情。」（《政治學》，岩波文庫，以下同。）

假如柏拉圖的構想是共產主義，那麼亞里斯多德的構想，就近似於民間的經濟活動。直到今日，兩種價值觀的衝突依然沒改變。

不過，亞里斯多德認為商業是低賤的行為，是必要之惡。他表示：「起初用以交換生活所需的貨幣，其功用一旦被發現之後，就出現了另一種致富的技藝，也就是零售貿易。」進而發展出耳目一新的反經濟論：

「因為他們的欲望無窮，也無限貪求滿足欲望的手段。追求美好生活的人，也是貪求肉體的愉悅享樂，然而也得有財富才能擁有這種享樂，所以汲汲營營，熱中於致富。（略）因為要有剩餘才能這樣享受，便不免追求方法以獲得更多的剩餘、才能享樂。」

也就是說，追求享樂必然會變得貪婪，以至於忘了建立良善的國家。需要等到十八世紀亞當．斯密（Adam Smith）的出現，才提高經濟和商業的道德地位。

## 一百五十八個殖民城邦走透透，發現政局穩定的條件

《政治學》的另一大特徵，在於並非只是單純的理論。亞里斯多德走遍當時的一百五十八個希臘體系殖民城邦，再將各個國政的調查結果，匯集成這本書。順帶一提，現在的聯合國會員國有一百九十三個國家（截至二〇二一年）。雖然地理上的規模完全不同，但以當時來說，感覺或許就像調查完全世界的國政一樣。

國政的存在是為了追求公民社會的正義，在國民、家族、聚落這些複數的群體當中，位居頂點猶如棟樑一般，肩負的職責是制定和執行規則，讓國民遵守。

具體來說，就是承擔公共審議（立法）、官職任命（行政）及法庭審理（司法）這三權。不過，雖然每個國家都擁有這些權利，但國民可以參與政治到什麼程度，能否選出適任者，隨著國家不同，情況則是天差地遠。

亞里斯多德將國政大致分為三種型態，分別是將權力集中在一人身上的「獨裁制」，唯有特定菁英階層擁有權利的「寡頭制」，以及所有國民擁有平等參政權的「民主制」。

接著還可著眼於以下三點、加以細分。

第一點是政治的目的是什麼。政治是為了國家和公益，還是為了私人的利益？前者是正道形式，後者不用說，就是相對應的墮落形式。

獨裁制的前者是父權式的「君主政體」，後者則是以力服人的「僭主政體」。另外，排除民眾的寡頭政體屬於後者，但也可能以菁英為民喉舌的形式轉移到前者，那就稱為「貴族政體」。民主政體也一樣會直接陷入眾愚，屬於後者，但也可以切合國家利益發揮作用，這時就會轉移到前者，形成理想的國政。

《政治學》的特色在於，並非不假思索的認定獨裁制是壞的，民主制就是好的，而是在探討能否追求國家立場的善。

第二點是國民的構成。亞里斯多德指出，這會產生多樣化的政治體制：

「政治體制之所以有許多形式，原因在於每個國家都包含了許多要素。首先，我們看到所有的國家都是由多數的家族所構成，而在這多數家族當中必然有富有的與窮困的，以及居於兩者之中的。富有者擁有重甲武裝自己，而窮困者則必定沒有；而在一般國家當中，有眾多農民、貿易的商人以及具有技藝的工匠。而顯要名人之間在財富，也就是家產之間也有差距。（略）除了因財富形成的差距外，還有血統與德性上的差別。在關於貴族政體的議論中，描述過作為國家一部分存在的，也同樣會衍生差距。」

**圖表6-1　國家的三種型態**

| | | | |
|---|---|---|---|
| 獨裁制 | 「君主政體」 | VS | 「僭主政體」 |
| 寡頭制 | 「貴族政體」 | VS | 「寡頭政體」 |
| 民主制 | 「共和政體」 | VS | 「民治政體」 |

總之，重點大致有兩個。一個是貧富差距的程度，差距越大，國制當然就離中庸越遠。尤其是小型的開發中國家，多半是由少數的富有階層和大多數的窮困階層組成，所以政治不穩定，容易流動。反之，成熟的大國則是中間階層的比例高，他們獲得了無法奢侈卻穩定的生活，所以也期盼政治安定，因此國家也容易安定。

順帶一提，亞里斯多德指出中間階層的重要，不得不說他真是慧眼獨具。遠在後世十八世紀的工業革命時，中產階級就急速擴大，尤其是英國更是如此，使得國家安定，得以迎向大英帝國的繁榮。

另一個重點，則是國民主要的生活基礎，也就是職業。假如以農耕為中心，國政就比較安定。農民在農地生活，與其無謂的牽涉到國政，不如辛勤耕種，還比較能夠安心。有時單憑這點，就可望能以法律為基礎，讓國政安定。

與之呈鮮明對比的，是都市型的勞動者，包含匠人與商人等。他們的生活基礎不穩定，平常交換的資訊量卻很多，所以對政治動向敏感，容易受到短期損益以及民粹領袖的煽動影響。無論如何，即便到了今天，也可以說越是龐大而經濟基礎穩固的國家，政治也越容易安定。

而第三點則是利用公共審議（立法）、官職任命（行政）及法庭審理（司法）的狀況。這在運作完善的國家不成問題，但若官員無能或營私舞弊橫行，國政就必然稱得上是惡政。

## 獨裁制的兩種型態，到今天依舊能套用

接著要根據以上內容，分別更具體的檢驗獨裁制、寡頭制及民主制。

首先從獨裁制開始，前面談到可分為君主政體和僭主政體，不過王權也有多種樣貌。人治的典型「絕對王權」，就是君主一人擁有一切主權；法治的典型，則是權力限制在戰爭和祭祀的「斯巴達式王權」，後者是實質意義上的「將軍」。

另外，這兩者之間還會依照法治和人治的比例，而存在幾種君主政體，例如藉由選舉選出僭主式的獨裁者，或是戰爭英雄集眾望而稱王，直接世襲給子孫。

無論如何，重要的是君主的德。假如由德性完美無缺的君主統治，也有可能達到絕對王權，但人類就是會感情用事，不可能完美無缺。因此，國政的骨幹要透過法律來規定，無法完全涵蓋的部分，再由人為判斷才妥當。另外，在判斷時，多人合議會比個人決定，還容易導出正確的結果。

不過，法律也是由人所定的，未必正確，有良法就有惡法。換句話說，就是會反映出君主與人民的德。想要提高德性，就只能施行良好的教育：

「我們指出一個人的德性，必定與完美國家中的國民德性相同，很明顯的，人類可以用培育良善之人的同樣方法和手段，建立貴族制或君主制的國家。因此，透過教育與習慣培養出良善之人，和培養出自由國家的支配者和君主，兩者的方法大致相同。」

另外，「僭主政體」是單憑力量即位，經常與所有國民反目，因此政權不穩，存有許多內亂的因素，為了控制民變，謀求維持政權，必然會一心施行專制。

比如剷除出眾的國民，禁止政治結社，抑制教育、不提供知識和資訊給國民，建立相互監視的制度、助長懷疑，到處安排密探，讓國民在窮困當中無力謀反，或是頻繁興戰，讓國民的目光朝向外敵。

## 圖表6-2　獨裁制的兩種型態

### 【君主政體】

- 「王權」是將許多執政權集中在單一個人的型態，但也有多種樣貌。斯巴達式／民選僭主型／英雄時代型／絕對王權型。
- 假如由完美無缺的「德性」統治，就有可能實現絕對王權，但人類是感情用事的生物，所以國政的骨幹最好由「法律」規定，法律規定不了的部分，再由人為判斷。
- 法律規定不了的部分要由人為判斷，多人合議會比個人決定還正確。
- 然而，有良法就有惡法，有善人就有惡人。這些都會反映出「德」。
- 亞里斯多德主張，唯有對統治者和被統治者施行以「德」為基礎的良好教育，才能在實質上擔保「善政」。

### 【僭主政體】

- 僭主政體（獨裁制）的架構是與所有國民反目，就本身的特徵來說很不穩定。既然處處存有內亂的因素，就要靠鎮壓來維持政權。

書中列舉的典型做法是：

- 剷除出眾的人。
- 禁止政治結社。
- 抑制教育，讓國民只會思考小事。
- 助長相互監視和懷疑的風氣。
- 到處安排密探。
- 讓國民在窮困當中無力謀反。
- 頻繁興戰，讓國民的目光朝向外敵。

- 然而，僭主終究會夭折，往往會有人驅除僭主，轉變成民主制或寡頭制。
- 要維持僭主政體還有一個方法，就是傾聽人民的不滿，施行善政，從僭主政體轉變成「王權」。

然而，這些措施終究只會招來惡性循環，僭主政體幾乎無一例外、以夭折告終，往往會有人驅除僭主，替換成寡頭制或民主制。不，有個唯一方法可以維持僭主政體，那就是僭主要傾聽國民的不滿，心懷善政，意思就是從僭主政體轉變成王權。

## 寡頭制的理想型態是「貴族政體」，但必須公平、依法行事

少數的富裕階層和菁英階層，與多數的窮困民眾對立，這在所有國家都屢見不鮮。前者占優勢，就會形成寡頭制；後者占優勢的話，就會形成民主制。

不過，這兩個制度皆有好幾種形式。首先寡頭制就可以分類為四種。

亞里斯多德指出，最優異的型態是「貴族政體」。這裡所說的貴族，意思不是出身高貴的人，而要理解成德性和能力高超的菁英。基本上，國政靠法律運作，法律無法完全涵蓋的部分，則是委由貴族來判斷，條件是他們要透過選舉獲得拔擢，藉此即可擔保參與國政者的素質。

不過，權力如果集中在部分菁英階層，容易使人恣意濫用，成為制度扭曲的原因之一。例如，提高得到參政權的門檻就是其中之一。唯獨擁有莫大財產者可以參與國政，其他大批國民的聲音無法上達，這就是第一個變種。

**圖表6-3 寡頭制的四種形式**

**【好的寡頭制】**

- 貴族政體：民主制的良善變種。
- 具備適度的資格要件，足以擔保參與國政者的素質，並藉由選舉任命官職。國家治理依法行事，無法律規定的事項，原則上由民選的官員判斷（第一種形式）。

**【壞的寡頭制】**

- 獲得參政權的資格門檻越來越高，沒有龐大的財產，就不能參與國政（第二種形式）。
- 雖然會舉辦選舉，卻是由菁英階層互選。許多國民不是沒有選舉權，就是一開始只能從限定的家族中選拔。假如這種情況變本加厲，官職就會變成世襲（第三種形式）。
- 到了最後階段，官職世襲，國政由掌握實權的官吏統治，而非法律（第四種形式）。

假如再劣化下去，就是國民不具有選舉權，或是選項受限制。選舉的意義已然失去，淪為菁英階層互選的儀式。換句話說，就是國家的官吏幾乎皆為世襲。這就是第二個變種。

結果，菁英階層藉由世襲確立穩固地位，連既存的法律都可以無視或任意改寫，憑自己的裁量把持國政。這就是第三個最差的變種。

原本寡頭制在性質上，就背負著比民主制更容易不安定的宿命。如果要讓政局安定，就少不了要時時注意公平與秩序，執行類似民主制的各種措施。或者從民眾中擇優秀者賦予參政權，抑制菁英階層的利益和權益，嚴格取締舞弊和貪汙，這些也很重要。政局不安的開端，就在於民眾覺得不公平及懷疑為政者。

## 民主制度不見得優異，要看人民能多自由

另一方面，民主制則有五種形式。現代人往往會覺得，民主比獨裁制和寡頭制優異，亞里斯多德卻不這樣認為。那是因為他想到伯羅奔尼撒戰爭時，雅典陷入眾愚而迷失。

民主制的基本原理在於自由，理想型態是民眾能夠活得自由、不受任何拘束。這份自由可以確保到什麼程度，就會產生各種不同的民主制。不只是部分掌權者，也不只是民眾，而是包含富有階層在內，所有國民都是平等的主權擁有者。能否體認到這一點，將會左右民主制的成敗。

原本理想的國政型態，是從國民各個階層選拔人才，擔任官職，治理則基本上倚靠法律。假如維持這個狀態下去，國家就會成長，許多國民就能享受自給自足的生活。

民主制還有個變形，是只將農民和擁有一定以上財產者認定為國民。官職以抽籤的形式任命，國政基本上倚靠法律治理，國民對於國家的忠誠心也很高。但是，對於遠離都市生活的農民來說，參加國民大會（政治集會）並不容易，要以輪流的方式派代表過去。這是第二

種形式。

這個形式的典型，就是希羅多德《歷史》中描述的雅典。市民在波希戰爭中為了保護自己的土地和生活、拚命作戰，擊退波斯帝國的大軍。

另外，第三種型式比第二種形式更容易獲得國民資格。降低財產餘額的條件，大多數人都可以獲認定為國民，可說是更接近原本意義上的民主制。

第四種形式是完全去除這樣的門檻，人人都可以享受國民應有的權利。其中也包含生活不穩定的都市型勞動者。國庫支付津貼，讓這樣的民眾出席國民大會，會藉由抽籤方式任命官職，所以他們有時也會擔任公職，這就意味著他們的政治發言力增加了。

而第五種形式，則是將實權讓渡給有力的民粹領袖，透過由大眾掌控的國民大會屢發政令。法律遭到輕視，官職的權威也遭到否定。

民粹領袖掌握實權之後，就會以僭主身分迅速建立獨裁體制。從超越法律、世襲權力的意義上來說，近似於「絕對王權」，不過兩者的決定性差異，在於是否具備德。沒有德性的僭主政體，可說是最差的統治體制。

以上關於寡頭制和民主制的分析，極為周密而包羅萬象，甚至可以說後世出現的政治理論，都像是《政治學》的翻版。

## 圖表6-4　民主制的五種形式

**【民主制的理想形式】**

- 國家成長，許多國民能夠享受自給自足的生活。官職從國民各個階層選拔，治理國家是以法律為基礎（第一種形式）。

**【古希臘的民主制】**

- 自古以來的民主政治，國民由農民和較富裕的人組成（第二種形式）。人民需要沒那麼多、但有一定額度的財產，才會被賦予公民權；任命官職，則是藉由類似抽籤的方式。政治集會對於遠離都市生活的農民來說，負擔很大，要以輪流的方式因應。不過會依法治理國家，國民對國家的忠誠也很高。波希戰爭之際擊退大軍的希羅多德，讚賞的雅典民主制就屬於這一類型。

- 變得比民主制還要民主化，降低賦予公民權的資格門檻。首先會撤銷財產額度的資格，凡是出身尚可的國民，皆賦予公民權（第三種形式）。

- 接著，是完全撤銷這樣的門檻，凡是國民皆賦予權利（第四種形式），所以也包括生活不穩定的都市型勞動者和零工之流。任命官職是藉由抽籤方式。國庫支付津貼讓這樣的人出席國民大會，使得他們蠶食政治勢力。

- 最後是將實權讓渡給有力的民粹領袖，透過由大眾掌控的國民大會頻發政令（第五種形式）。法律遭到輕蔑，官職的權威遭到否定。這段內容應該是在設想，雅典在伯羅奔尼撒戰爭敗北後墮落的民主制。

## 不平等會讓國政惡化

《政治學》接下來也談到惡政的共通點。

政治上的正義就是平等。然而，國家的國民立場不一，以至於存在各種平等。當這種平等，與政治上的平等不一致時，也就是人民覺得自己受到不平等待遇，而且缺乏申訴的手段時，內亂就會萌芽。

比如，應該得到的利益沒有得到，認為名譽好壞、適用法律與否和罰則之類的標準不公平，自視甚高及蔑視他人時，國民的不平和不滿就會升高。而如果國民的組成分子中，有形形色色的出身、財富、習慣、教育及人種，勢力不均，進而導致選舉不公時，政局依然會不穩。

尤其是「寡頭制」，更有許多案例是強迫廣大民眾服從而敗亂國政。不滿日益加深的民眾當中出現領袖，形成與菁英階層對立的態勢。假如人民領袖擁有兵役經驗，多半會憑武力領導民眾崛起，自立為僭主。另外，當雄辯術發達之後，能說善道卻沒有從軍經驗的民粹領袖就變多了，他們藉由把持國民大會，讓民主制陷入眾愚的操控。

另外，菁英階層之間的爭執和對立也會敗亂國政。因為懷著菁英的自負，所以往往會為了競爭心態、派閥意識、優越感和嫉妒心之類的事情反目，無法言歸於好。這會形成權力鬥爭，雙方策動拉攏民眾，甚至會發展成武力衝突。結果有時是勝利的一方成為僭主，有時則是起義的民眾流放菁英階層，過渡到民主制。或者被流放的菁英階層在國外聯手崛起，推翻民主制，過渡到寡頭制。

無論如何，這只是一己之見。僭主制、民主制、寡頭制三者做得太過火，就必然會墮落，只會一直維持內亂的狀態，讓國家日漸疲弊。這是亞里斯多德詳細觀察現實存在的各種國家後的結果，所導出的結論。

## 好的國家，需要「中庸」

那麼，好的國政會是什麼樣子？該書也針對這一點詳細考察。基本上就是將前述的壞形式反向思考，總之要不偏不倚。僭主政體姑且不論，目標應該放在混合民主制和寡頭制的中庸之道。

就如先前所述，國政要靠公共審議（立法）、官職任命（行政）及法庭審理（司法）這三權才站得住腳，所以要分別追求其中庸。

首先公共審議（立法）是國政的最高決策權，決策的方法為以下三種：

①一切事務由全體國民決策。

②一切事務由部分菁英階層決策。

③部分決策由國民投票進行，其他事務則由被遴選的國民為之。

其中①是壞的民主制，②是壞的寡頭制。混合兩者的形式是③，最為合理。而在審議會之下設置預備審議會，也是讓審議會正常運作不可或缺的措施。

另外，關於官職任命（行政）和法庭審理（司法）方面，職務的數量、權限的範圍、任期、能否連任、遴選的方法這五點，必須事先依照不同職位所需的專業和經驗決定。即使是吏員的工作，也要以向審議會報告為前提，也應當明定雙方的職責分擔和權限的範圍，藉由彼此互相制衡、防止失控。

書上還提到，祭祀不應視為國政的一部分，而要政教分離，這一點非常現代化。

無論如何，關鍵在於審議員也好，吏員也好，都要設法混合國民各個階層的代表。選舉就不用說了，必要時也須使用抽籤等方式防止偏頗。另外書中還敘述，政治集會應該準備罰金和報酬，以促使廣大階層參加，可見亞里斯多德多麼重視均衡。

另一個反覆強調的重點，就是培養「德性」。前面也提到，擁有權力的人往往會走向極端。假如是民主制，就更趨向民主制，寡頭制就更趨向寡頭制。掌權者擁有各自的支持基本盤，只要給支持者利益，就能讓自身的地位安泰。

混合參政是為了遏止弊端，不過同時也要記得教育國民。德性是把自身的利益與正義放在天平上衡量時，能夠選擇正義。假如大多數國民都選擇正義，整個國家的德性也就稱得上很高了。

## 運用閒暇來提升德性

國家是由世代和出身、職業和收入、思想信條等，特質完全不同的國民所組成。其中的「平等」，指的是認可所有國民都有權利追求幸福。然而，觀察現實的國家就會發現一個事實，那就是任何國政都容易走向極端，形成內亂的禍根。另外，只要內亂的勝利者重蹈覆轍，內訌依然會重演。

反過來說，只要防止部分勢力失控，政局就容易穩定下來。這時國家要一視同仁的體察各階層國民的主張和不滿，並反映在政治上，這就可稱之為善政。

雖然為此擬定制度和法律也很重要，但比這更關鍵的是建立充滿德性的國家。掌權者自不待言，各階層國民也需要德性。不過亞里斯多德認為，與其期待每個人的資質，不如在政治上促進國民養成「習慣」，所以《倫理學》和《政治學》的定位幾乎相同。

**圖表6-5　亞里斯多德的結論**

- 斟酌各種國政之後發現的真相是，任何國政只要走向極端，就一定會導致內亂。無論在內亂中勝利的勢力是誰，只要重蹈覆轍，就會再度製造內亂的因子。
- 穩定國政的唯一方法，就是傾聽各階層國民的不滿，施行善政。換句話說，就是讓各階層國民彼此給予自己所認為的平等，所有國民彼此認為大家都有權利、能平等的追求自己的幸福。
- 要求施政者須具備，受到各階層國民廣泛認可的素質。《倫理學》的結論就具體闡述了這種素養的內容。
- 由不同的人組成的國家當中，「平等」是所有國民都有追求幸福的權利，而這種幸福應當受到國民廣泛認可。幸福是什麼？就如《倫理學》中詳細描述的一樣，是依循德性的生活。

另外，書中還有一個特色，就是提倡「閒暇」，有就是空閒的重要。眾人追求穩定，從事工作是為了獲得閒暇。那麼該怎麼度過空閒的時間？閒暇過得越有意義，就越能滋養美善心靈。這時國家有兩件該做的事，一是賦予國民閒暇，二是教導國民該如何把這段時間過得更有意義。

這種觀念也反映在教育的理論上。自古以來必修的教育領域有四種，分別為讀寫、體育、音樂和繪畫。其中的音樂，有些意見認為它並非教育，而是娛樂。亞里斯多德試圖反論如下：

「起初人們是將它（音樂）定為教養之一，這是因為自然本性（略）讓我們追求不只能好好工作，同時也讓我們能好好的度過閒暇。（略）如果工作與閒暇都是必要的，而後者是我們更希求的，如果它是目的，那麼，就存在一個問題：我們之所以一定要度過閒暇時光，到底是為了什麼？很明顯不是遊戲。」

對於亞里斯多德來說，所謂的遊戲，是為了持續工作而做的歇息。換句話說，就是與工作有一體兩面的關係。相形之下，閒暇則和工作沒有關係，是每個人花費時間和空間，為了追求幸福而存在的。假如可以養成美善心靈，就會明白那有多麼寶貴。讓人學習這份素養，就是教育的目的之一。

這種觀念的延伸，就是今日的博雅教育。在比較現代的先進社會，孩子就不必被逼著工作，能專心求學。而以更上一層樓的教育來說，則是西方的大學透過古典，徹底滋養德性。《政治學》撰寫於距今約兩千四百年前，但是就如先前屢次重申，即使現代人讀了，也絲毫不會覺得過時。因為其中的思想，完全說中了人類社會中的正義與不正義，善與惡等價值觀的本質。

所以，包含蘇格拉底和柏拉圖在內的「希臘主義哲學」，也被後來的基督教哲學採納，形成西歐的核心思想，再遠渡到美國，形成全球社會中樞價值體系的源流。以下的章節將會追溯其波瀾萬丈的過程。

## 亞歷山大大帝東征，開創「希臘主義」

然而，希臘主義哲學的成立，與歷史中的一位英雄息息相關。他就是亞歷山大大帝（Alexander the Great，西元前三五六年至西元前三二三年）。

亞歷山大大帝直到十六歲為止，都直接接受亞里斯多德的教導。二十歲時，他從父親腓力二世（Philip II of Macedon）手上繼承馬其頓王位後，就將他統治的大半時間，花在東征亞洲和北非上，三十歲就建立橫跨希臘到印度西北方的大帝國。他的生涯中未嘗敗績，公認為是歷史上最成功的軍事指揮官。

遠征東方的開端是西元前三三四年、進攻波斯帝國阿契美尼德王朝。亞歷山大大帝打敗了大流士三世所率領的強大帝國軍，壓制整個波斯帝國。從此以後，他的霸權就擴展到遙遠的印度河。

亞歷山大大帝不只單純埋首於戰爭中，還在征服的各處建立新的希臘化都市，並皆以自己的名字命名為「亞歷山大」。於是希臘文化就傳往東方，與當地古代的東方文明融合，開創出嶄新的文明，史稱「希臘主義」。

其中特別有名的是亞歷山卓（Alexandria），是於西元前三三二年建立在埃及地中海沿岸的都市。當地後來建造了「亞歷山卓圖書館」、號稱藏書七十萬卷（說法不一），吸引世界各地詩人和學者慕名而來，因而作為希臘主義的中心而繁榮昌盛。古希臘世界偉大哲人的思想就以此為起點，最終不只限於地中海世界，還散發出照耀全球的光芒。

順帶一提，西元前四七年，羅馬帝國的英雄尤利烏斯・凱撒（Julius Caesar）進攻埃及托勒密王朝，導致該圖書館遭到焚毀。爾後雖然暫時重建，卻在四世紀末時被基督教徒視為異教設施而遭到破壞。

不管怎麼說，亞歷山大大帝將亞里斯多德尊為「至高導師」，後世甚至流傳這樣一句話：「雖由腓力二世所生，活得高貴卻是學自亞里斯多德。」另外，他還有一位同窗，一起向亞里斯多德學習希臘基礎教養，後來成為輔佐大帝的將軍。亞里斯多德也很關心亞歷山大大帝，東征中寫了《論王政》（*On Kingship*）和《亞歷山大篇或論殖民》（*Alexander, or a Plea for the Colonies*）送給他，雙方的交流持續到大帝過世為止。

另外，亞歷山大的希臘文讀作「亞歷山德羅斯」（*Alexandros*），英文讀作「亞歷山大」（Alexander），在阿拉伯文和波斯文中則讀作「伊斯坎達爾」（Iskandar）。他的名字出現在《舊約聖經》、《古蘭經》、祆教經典、《王書》（*Shahnameh*，伊朗人的神話歷史大史詩）及其他各種民族的文獻上。就連威脅古羅馬的古代迦太基將軍漢尼拔（Hannibal）、尤利烏斯・凱撒、拿破崙（Napoleon）和其他歷史上的軍事天才，也都會引用大帝之名，視其為大英雄。

**（補充）亞歷山大大帝征服東方的足跡**

**①稱霸全希臘**

西元前三三八年，馬其頓於喀羅尼亞戰役中擊破雅典底比斯聯軍。父親腓力二世乘勢讓希臘眾城邦締結科林斯同盟（赫拉斯同盟），掌握全希臘的霸權。雖然計畫東征波斯，卻在兩年後的西元前三三六年遭到暗殺。

繼位為馬其頓國王的亞歷山大大帝，就壓制希臘眾城邦，確立全希臘的霸權。

**②進軍波斯**

西元前三三四年，大帝出發東征波斯，於格拉尼庫斯河戰役，擊破小亞細亞的總督（編按：Satrap，這個字也暗示了暴虐政治）聯軍。他一面打垮駐紮在小亞細亞的波斯軍，一面往東前進。

西元前三三三年，大帝在安條克（Antioch）西北邊的伊蘇斯（Issus），遇上大流士三世親自率領的十萬波斯軍（伊蘇斯戰役）。他在這一戰中獲勝，拒絕接受波斯的求和，繼續進軍。

### ③征服埃及

西元前三三二年至西元前三三一年，大帝讓頑強抵抗的腓尼基推羅（現泰爾〔Tyre〕）和加薩（Gaza）屈服後，就進而南下，入侵波斯統治下的埃及。埃及人將大帝視為解放者迎接，認他為法老。爾後大帝就在尼羅河三角洲的西端，建造都市亞歷山卓。

### ④阿契美尼德王朝滅亡

西元前三三一年，大帝在底格里斯河上游的高加米拉（Gaugamela），擊敗大流士三世指揮的波斯軍（高加米拉戰役）。大流士逃到裏海東岸。大帝入侵波斯王國的中樞，掠奪主要都市巴比倫以及書珊。當首都波斯波利斯（Persepolis）淪陷後，就徹底破壞當地，追擊大流士。

西元前三三〇年，大流士被親信貝蘇斯（Bessus）暗殺。大帝攻擊抵抗的貝蘇斯，俘虜後就將他公開處決。

### ⑤占領中亞

進攻中亞方面也遇到激烈的抵抗。西元前三二九年至西元前三二七年，大帝被迫在粟特

（Sogdiana）和巴克特里亞（Bactria）進行嚴酷的游擊戰，還受到斯基泰人的攻擊。另外，大帝和部屬之間的信賴也開始動搖。

**⑥進軍印度和東方遠征結束**

大帝從西元前三二七年起開始遠征印度。他在奧爾諾斯（Aornos，有一說認為在現巴基斯坦的某地）打了生涯最後一場包圍戰，獲得勝利。翌年西元前三二六年越過印度河，入侵旁遮普地區（Punjab）。大帝在希達斯皮斯河戰役平定當地眾部族，同時進軍，就連印度最勇猛的卡薩亞人（Cathaeans）也遭到鎮壓（譯註：阿里安在《亞歷山大遠征記》中將卡薩亞人與歐克西德拉卡人〔Oxydracans〕和馬利亞人〔Mallians〕並列為勇敢的部族，而蒲魯塔克的《希臘羅馬英豪列傳》則認為印度最英勇的是馬利亞人）。接著他想前往印度中央區，但疲憊不堪的部屬卻拒絕進軍，只好收兵。

大帝沿著海德拉奧特斯河（Hydraotes，現今的拉維河〔Ravi River〕，印度河的支流）南下，並在驅逐殘存敵對勢力的同時，抵達印度河的河口。接著從海路穿過波斯灣，抵達幼發拉底河的河口。經過以上的航海探險後，就了解了這個地區的地理。

## ⑦亞歷山大大帝驟逝和帝國分割統治的開始

帝國改組為波斯、馬其頓及希臘（科林斯同盟）三個地區，形成奉大帝為共主的聯盟。大帝積極錄用波斯人，推動波斯人和馬其頓人的融合。

回到巴比倫的亞歷山大大帝，計畫遠征阿拉伯，卻在某一夜的慶宴中倒地身亡。時值西元前三二三年，年僅三十二歲。亞歷山大大帝死後，帝國就分裂為埃及托勒密王朝、敘利亞塞流卡斯王朝，以及馬其頓安提哥那王朝，各自統治。

第七章

# 人性的貪婪，凸顯博雅教育的珍貴

博雅教育的根本——希臘主義，為了躲避查士丁尼大帝取締異教，
而流落東方，興盛了伊斯蘭文明，歐洲卻進入黑暗時代。
其中蘊含的人類普世價值，又再度讓歐洲掀起文藝復興。

就如前一章所言，亞里斯多德的思想和其他希臘文化，藉由門生亞歷山大大帝的東征流傳到亞洲，與當地的東方文化結合，史稱「希臘主義」。

希臘神話中有一名英雄叫做赫楞，古希臘人遂仿效赫楞，自稱為赫楞人，意思是「赫楞之子」，還將自己的土地稱為「赫拉斯」（Hellas）。希臘主義這個詞的英文「Hellenism」就是由來於此，意思是「希臘化文化」。

具體來說，這種文化就是將以下人物的功績廣為流傳，包含目前介紹的希羅多德和亞里斯多德等人：

政治：梭倫、伯里克里斯、亞歷山大大帝等人。

歷史學家：希羅多德、修昔底德等人。

哲學：蘇格拉底、柏拉圖、亞里斯多德、第歐根尼、色諾芬（Xenophon）等人。

數學、幾何學：畢達哥拉斯、歐幾里得（Euclid）、阿基米德（Archimedes）等人。

劇作家：埃斯庫羅斯（Aeschylus）、索福克里斯（Sophocles）、歐里庇得斯（Euripides）、阿里斯托芬（Aristophanes）等人。

醫學：希波克拉底（Hippocrates）等人。

一看就會明白，這些名人各個都是確立今日西方學問和藝術基礎的人物。時代幾乎集中在西元前六世紀到西元前四世紀左右。

## 「希臘主義」跨越苦難時代，擁有人類共通的普世價值

為什麼當時的希臘有如此多的英雄、才學之士雲集？這並非偶然。與美索不達米亞（現伊拉克）、埃及文明等所謂的四大文明相比，希臘文化屬於後來居上的新興勢力。所以會在與先進文明交流的同時產生摩擦和衝突，必須絞盡腦汁對抗。

另外，對人類來說，超越苦難時代背景的學問和藝術，才具有普世價值。證據就在於與東方文化融合後形成所謂的希臘主義。即使在後來的歷史中，也在學問和藝術領域上造成莫大的影響。

而在今天，以網羅的方式學習希臘主義，就成了博雅教育的根本。藉由學習西洋文明的基礎，重新體會人類都思考些什麼，前賢建立了什麼。在學習過程中，也會直接連結到自身所思考的、要在人生當中建立什麼等問題。

不過，希臘主義流傳至今，曾經走過極為坎坷的命運，以下將會追溯其足跡。

## 當時世界的學術中心——亞歷山卓，擁有世界最大的圖書館

我認為，世界歷史幾乎是以五百年為週期迎向大轉換。首先，從亞歷山大大帝東征後，到崛起於歐洲的羅馬從共和制改為帝制、擴大版圖為止，正好是五百年。另外，基督教在這之中興起，歷經迫害的時代，成為羅馬帝國的國教，再擴展為世界宗教，正好是五百年。再者，羅馬帝國衰退，希臘主義遠渡伊斯蘭世界，再回到歐洲為止，也恰好是五百年。如此即可概觀到十三世紀為止。

西元前三二三年，馬其頓因為亞歷山大大帝驟逝而爆發繼位之爭，分裂為埃及托勒密王朝、敘利亞塞流卡斯王朝，以及馬其頓安提哥那王朝。其中繼承最多希臘主義的是埃及托勒密王朝的首都，昔日亞歷山大大帝建造的亞歷山卓。

該國的首任法老托勒密一世（Ptolemy I Soter），據說曾與亞歷山大大帝一起向亞里斯多德學習，學問造詣深厚。另外，面向地中海的亞歷山卓，則以經濟和貿易的中心而繁榮。並以其財力為後盾，設立「繆思」（Musaeum）研究院。再者，繼位的托勒密二世（Ptolemy II Philadelphus）時代，還附設號稱世界最大規模的「亞歷山卓圖書館」。這些設施招聘眾多來自希臘和其他各地的學者，蒐集文獻資料。於是，亞歷山卓不只是希臘主義，還成為當時學問和研究的中心。

埃及托勒密王朝本身於西元前三〇年，在知名的克麗奧佩脫拉女王（Cleopatra VII Philopator）時代，敗給羅馬帝國而滅亡。爾後，埃及成為羅馬帝國的行省，「繆思」與圖書館雖然屢次面臨危機，卻仍以學術中心的名義存續，部分希臘主義也在這裡傳承下來。

## 羅馬政體的變遷，果真和亞里斯多德所主張的一樣

另一方面，位在歐洲西邊義大利半島的拉丁人（Latins）彷彿要取代衰退的希臘一樣，開始擁有力量，這個國家就是羅馬。從西元前三世紀左右，羅馬就不斷與周圍的國家戰爭，到了西元前二世紀中葉，版圖擴大到整個地中海。

這時的羅馬擁有「元老院」的共和制政治體系。元老院是由貴族組成的機構，由其中有權有勢者擔任議員，雖然名義上是平民會議，但這個形同國會的諮詢機構，實質上卻是推動政治的統治機關。其議員為終身制，但不是每個貴族皆可擔任，條件是要先有精挑細選的家世，擁有約十年的軍旅經驗，還要將公民的事擺在第一位。

實際上，經營大農場而創造財富的人會變成貴族，擔任元老院的議員治理國政。共和制的架構當中，是由菁英維持貴族制的政治體制。他們已經沒必要累積財富，較能夠為了公民注意善政，建立安定如田園詩一般的社會。

共和制時代的羅馬，可說是近似於亞里斯多德《政治學》中的理想政治體系。因為統治階層的貴族各個清廉，確實扮演民眾的庇護者。

然而，西元前二世紀以後，由於戰爭勝利，使得奴隸和便宜的穀物從行省流入帝國，改變了經營農場的方法。大規模農場要是不使用奴隸、以擴大規模為目標，就會遭到淘汰。地區的人數於焉增加，任誰都沒辦法面面俱到，照顧到他人。

另外，部分勝利組的元老院議員，仗著特權尸位素餐，以私利私慾為優先。單憑這樣就可看出議員的素質低落。還有，在戰場上擁有戰功的人，哪怕是平民，也想要擔任元老院議員等政府要職。

另一方面，中等規模以下的農場和要服兵役的公民階級沒落，而且大量的奴隸不得不在惡劣的環境下勞動。換句話說，就是整個社會的貧富差距擴大，眾人越來越不安和不滿，局勢變得不穩。這種政治上的混亂始於西元前一二〇年左右，持續了大約一世紀，一般稱「一世紀內戰」。從此以後，共和就開始崩潰。

象徵這一世紀的事件，就是西元前七三年發生的角鬥士斯巴達克斯（Spartacus）叛變。叛軍逐漸增加，高峰時據說多達十幾萬人。元老院見狀，就派出大量軍隊鎮壓。這時大顯身手的軍人克拉蘇（Crassus）和龐培（Pompey），在公民中的聲望一口氣攀高，擔任政府的要職。最後元老院議員尤利烏斯・凱撒也加入，僅僅三個人就提出要打倒元老院，抓住國政的實權。

爾後，他們兼具高國民聲望、軍事力和經濟力，掌握了羅馬的政治權力。換句話說，就是政體從元老院主持的貴族制和平民會議主持的共和制，轉變成這三人主持的寡頭制，史稱「三頭政治」。

然而，這個體制瞬間就瓦解了。克拉蘇在遠征中戰死，龐培與凱撒相爭、落敗，逃亡到埃及後遭到暗殺。而試圖穩固獨裁體制的凱撒，也被心腹布魯圖斯（Brutus）等人暗殺。

話雖如此，羅馬還是沒有回到共和制。繼任者屋大維（Octavianus）阻止內戰，於西元前二七年獲得「奧古斯都」（Augustus，至尊）的稱號，即位為首任皇帝。羅馬帝國的時代就此展開。

以上的經過，就如前一章亞里斯多德《政治學》所指出的一樣。即使由少數人統治，貴族政體也容易形成善政，但若偏向私利私慾，就會頓時陷入寡頭政體。另外，多數人參政的共和制雖然理想，但若社經差距擴大，就會頓時陷入眾愚。而寡頭政體和眾愚都不會長久。儘管羅馬從此以後進入帝制，不過有些觀點和立場認為，這是王權的時代，有些則認為是僭主政體的時代。從這一點就可看出亞里斯多德的慧眼。

順帶一提，在與凱撒等人同時代的羅馬，有個精通希臘哲學的政治家、哲學家，名叫西塞羅（Cicero）。他在體制往寡頭制傾斜時，策畫回歸共和制，就像是效法《政治學》一樣。

## 圖表7-1　羅馬共和制的體制

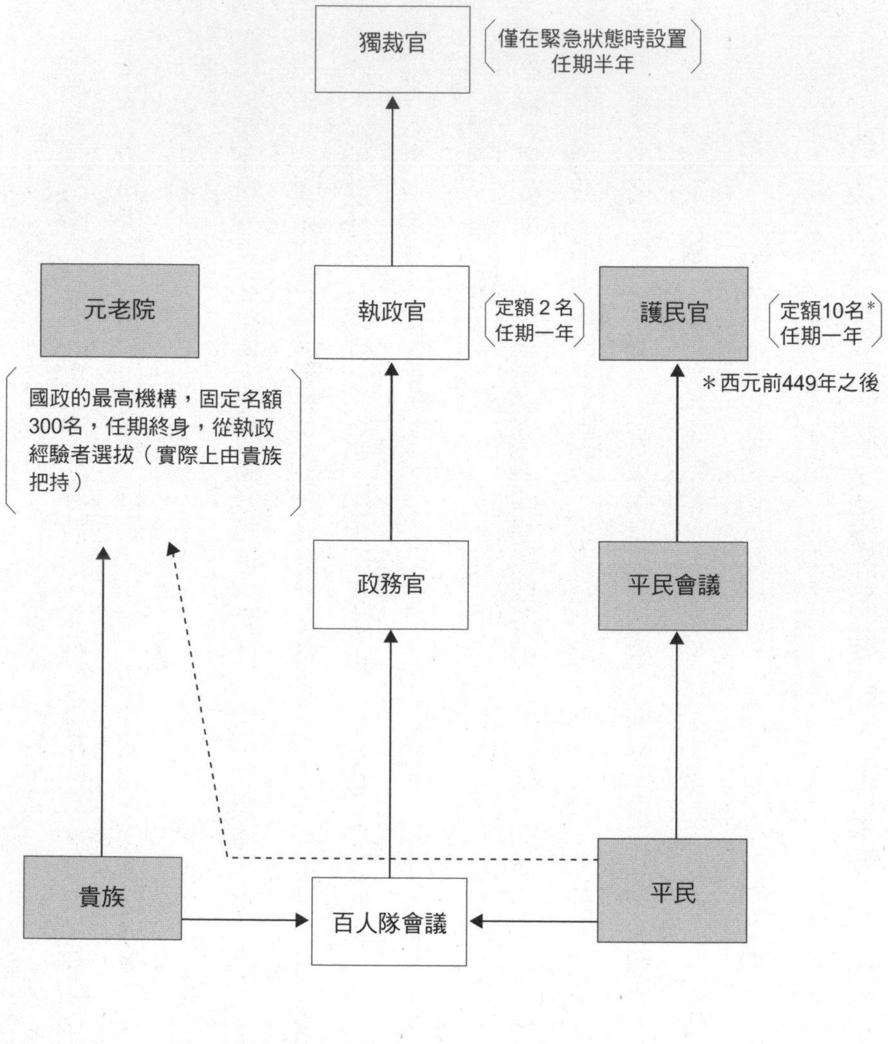

另外，雖然不知西塞羅是否參與暗殺凱撒，卻的確稱讚過原為凱薩朋友的布魯圖斯和其他暗殺者。但他也因此招來凱撒心腹部下安東尼（Antony）的憎恨，在凱撒死後一年就遭到殘殺。

## 羅馬皇帝們信奉斯多噶派哲學，所以暴君沒那麼多

西塞羅還達成另一件壯舉，那就是將希臘哲學書籍翻譯為拉丁文，好讓羅馬菁英階級能夠閱讀，其中尤以西塞羅信奉的斯多噶派居多。

西元前四世紀後半，亞歷山大大帝東征結束之際，賽普勒斯島的商人芝諾（Zeno）搭乘的商船遇難，漂流到雅典。據說當時他偶然逛到書店，讀到色諾芬的《回憶蘇格拉底》（*Memorabilia*），感動之餘，就進入思索之道，建立出獨樹一格的哲學。他在雅典的彩色柱廊（*Stoa Poikile*）下講學，所以稱為斯多噶派（Stoicism）。

由於幾乎沒有資料留存下來，所以斯多噶派哲學的整體形貌不明。但可以確定的是，這是由邏輯學、自然學及倫理學組成，理念是最後要達到「無欲」（*Apatheia*），因此關鍵就在於應當追求智慧、勇氣、正義以及節制等四德，藉此對抗和控制欲望與痛苦等情感（*Pathos*）。

另外，德性是依循自然的天理，凡是人類皆有追求的能力，問題在於沒有自覺到無知，

沒有試圖掌握所需的知識。我們可以從這部分，感覺到蘇格拉底的影響。順帶一提，「斯多噶派」也是意指禁欲主義「stoic」的語源。

羅馬帝國菁英階層之間，普遍接受這種思想。羅馬改行帝制後，所謂的暴君並沒有那麼多。反倒是從西元一世紀末到二世紀末，史稱「五賢帝時代」，皇帝用心施行善政，讓國家和平、安定發展。假如依照亞里斯多德《政治學》的分類來看，就是雖為獨裁政權、卻沒有陷入僭主政體，維持王權。

雖然其原因五花八門，不過根源無疑是斯多噶派的哲學。另外，從結果來說，羅馬領土擴張，政局穩定，我認為也可以因此視為，真理蘊含在這種思想中了。

## 民生疲弊，產生救世主耶穌

希臘主義還有一件對羅馬社會的莫大影響，那就是與基督教結合。原本基督教應該只是邊境地區的宗教，後來不僅被奉為國教，還成為比國家更有權力的組織。

首先，在此要追溯基督教誕生之前的經過。西元前四年左右，猶太人耶穌基督（Jesus Christ）在羅馬統治下的巴勒斯坦加利利地區（Galilee，現以色列北部）誕生。

包含《新約聖經》在內的「福音書」，幾乎就是唯一能了解耶穌生涯的資料。他死後，弟子及其追隨者馬可、馬太、路加及約翰，就分別寫出四種福音書。

不過，幾乎沒有耶穌從幼年時到青年時的記載。耶穌大約是從三十歲起展開宗教活動，提倡「神的國近了」，並在加利利貧困的市井治療病患，讓死者復活，引發許多奇蹟，因而獲得「十二使徒」和其他許多信徒。尤其是在羅馬帝國的統治下，對於許多遭到迫害的猶太人來說，耶穌的存在簡直就是救世主。

「福音」的意思，是耶穌向門徒和群眾說出的好消息，但那終究是信徒事後的記述或口述，不見得稱得上是正確的紀錄。反倒是有時為了傳教，而有迎合和創作之處。話雖如此，無論是以嶄新而斷言的語氣談論神，或是平等對待社會弱勢等描述，都符合史實。

然而，耶穌的宗教活動就因為這樣，僅僅兩年左右就結束了。西元三〇年，耶穌被同胞猶太人逮捕，最後在羅馬的判定下處以死刑，被釘在耶路撒冷郊外、各各他山的十字架上。不過耶穌在三天後復活，出現在十二使徒和其他眾多信徒面前。從此以後，便出現「耶穌現在還活著」、「耶穌親受磔刑，償還所有人的罪」、「世界迎向末日時，基督將會再次在地上現身（再臨）」等思想，將耶穌視為信仰對象的原始基督教於焉誕生。「基督」這個詞，在希臘文中就是救世主的意思。

那麼，耶穌為什麼被本應是同胞的猶太人定罪？要了解這一點，就需要知道猶太人遭迫害的歷史和猶太教的相關知識。唯一的資料，幾乎就在《舊約聖經》當中。

## 耶穌為什麼會被猶太人釘在十字架上？

以《舊約聖經》為基礎來類推，首先在西元前十七世紀之前，該民族的始祖亞伯拉罕就移居到迦南（現以色列和巴勒斯坦周圍）。但由於大地枯竭，他們就成群移居到埃及，雖然起初受到禮遇，卻在法老易主的同時，被當成奴隸對待。他們自稱為「以色列人」，當時其他民族則叫他們「希伯來人」。

領袖摩西認為，應該要擺脫這種惡劣的狀況，於是就在西元前十三世紀左右，率領一族策畫逃亡，這個事件稱為「出埃及」。途中，紅海擋住他們的去路，摩西祈求耶和華之後，海就分開、露出道路，這段故事十分知名。另外，耶和華還在西奈半島的西奈山山頂上，授予猶太教的戒律「十誡」給摩西。結果，他們在流浪了四十年之後，回到「應許之地」迦南。而在西元前十一世紀左右，當地就建立了「以色列王國」。第二代國王大衛王將首都定於耶路撒冷，其子第三代國王所羅門王，則在耶路撒冷建造耶和華聖殿（第一聖殿）。

然而所羅門王過世之後，就爆發了內部部族間的紛爭。西元前九二二年，北部的部族獨立後，建立新的「以色列王國」；南部包含耶路撒冷在內，則成為「猶大王國」，南北分裂了大約一百年。

其中的以色列王國於西元前七二二年，遭亞述帝國征服而滅亡。猶大王國則被滅了亞述的新巴比倫王國攻擊，於西元前五八六年滅亡。這時，耶路撒冷包含耶和華聖殿在內，遭到徹底破壞，居民大多數被帶往新巴比倫，史稱「巴比倫囚虜」，以色列人（希伯來人）失去祖國。另外，從這時起，其他民族就取「舊猶大王國之人」的意義，稱他們為「猶太人」。

他們在新巴比倫之地受到什麼樣的對待，還沒有定論，但至少是強迫移居的程度，而不是被當成奴隸。話雖如此，他們卻在失去祖國和信仰據點聖殿後，遭遇認同危機。於是，他們為了不失去民族應有的榮耀和信仰心而摸索對策，那就是律法（妥拉〔Torah〕）和「會堂」（Synagogue）。

律法的意思是耶和華神和猶太人之間的契約，是信徒在日常生活中應當遵守的義務和規則等，指的則是《舊約聖經》中的《摩西五經》（《創世記》、《出埃及記》、《利未記》、《民數記》、《申命記》）。另外，會堂就是猶太教的教會，是信徒聚集、學習律法及共享信仰的地方。這些也存續到今日，起源就是「巴比倫囚虜」。

爾後西元前五三九年，新巴比倫王國遭到波斯帝國阿契美尼德王朝消滅，後者也出現在希羅多德的《歷史》中。於是許多獲得解放的猶太人就回到迦南，於耶路撒冷重建耶和華聖殿，史稱「第二聖殿」。然而，猶太人還沒到重建獨立國家的程度，當地被波斯帝國和亞歷山大大帝的馬其頓等勢力統治，再於西元前一世紀左右起，成為羅馬的行省。

耶穌便是誕生於這樣的時代。他的思想定位充其量只能說是猶太教的一派，就如前面所言，他獲得許多信徒。然而從猶太教的導師看來，他只是個異端者，是對神的冒瀆。

首先，猶太教徒的先決條件就是注重與神的契約，遵守律法。相對之下，耶穌則徹底重視「鄰人之愛」，展現的立場是就算為此破了律法、也無可奈何。最重要的是，耶穌自稱「神子」，猶太教卻認為神不具人類的肉體，肉眼無法得見。因此，他們既不承認耶穌是救世主，也不認為將耶穌釘在十字架上，就能償還眾人的罪惡。

然而在此之後，猶太教以民族宗教存續下去，耶穌的思想則以基督教發展為世界宗教。其契機在於門徒積極傳教，編纂《新約聖經》，再透過羅馬帝國轉型為國教。

## 柏拉圖的著作和《舊約聖經》有什麼共通點？

然而，猶太教、基督教和希臘主義之間也有深厚的關係。

原本《舊約聖經》就是以希伯來文寫成。「舊約」是擁有《新約聖經》的基督教才會這樣稱呼，但對猶太教來說，就是唯一的聖經。從西元前二五〇年左右起，這本書就翻譯成當時的世界共通語言希臘文，史稱《七十士譯本》。

登場的地點是先前介紹的埃及亞歷山卓。當時的法老托勒密二世和一世一樣，對文化和學問的造詣深厚，也因建造亞歷山卓圖書館而聞名。

翻譯也是其中的一環。還有一說認為，歷史上的猶太人四處流浪，導致許多居住在亞歷山卓的猶太人看不懂希伯來文。無論如何，留下的傳說指出，托勒密二世從猶太十二個部族中，召喚各六名長老來到亞歷山卓，再由這七十二人翻譯律法（摩西五經）的部分，所以才稱為《七十士譯本》。

這本聖經廣泛獲得基督教徒接受，而不是猶太教徒。《新約聖經》有很多地方引用《舊約聖經》，皆以《七十士譯本》為原典。據說保羅和耶穌的其他門徒傳教時，也會攜帶這本書。另外，翻譯成希臘文之後，還以此為原典、翻譯成拉丁文和其他語言。總之，希臘文無疑為基督教滲透世界提供助力。

不僅如此，耶穌出生的時代，亞歷山卓正好有位猶太哲學家，名叫斐洛（Philo），他之所以聞名，是因為將猶太教的思想與希臘哲學結合詮釋。他受到柏拉圖著作《蒂邁歐篇》（〈雅典學院〉中柏拉圖左手抱著的書）的影響尤多，認為《舊約聖經》與柏拉圖哲學具有共通點。

該書當中出現了世界的創造者迪米烏哥斯（Demiurge），試圖模仿某種桃花源的「理型」，建立現實世界。斐洛指出，假如將迪米烏哥斯替換成神，就和《舊約聖經》〈創世記〉描述的開天闢地故事共通。斐洛還說柏拉圖是「希臘的摩西」。

就如本書第四章介紹的一樣，柏拉圖《理想國》第十卷有一段「厄爾的故事」。英勇的戰士厄爾雖然在戰鬥中身亡，卻在第十二天復活，並將他在死後世界看到的事，告訴眾人。

根據厄爾的說法，死去的人類靈魂要受到法官（神）的審判。生前為善就會獲得祝福，被送到天上的世界；為惡的話，則會被送到地下的世界，將有嚴厲的懲罰在那裡等著他。無論哪個靈魂，都會在一千年後復活，再在「忘川」忘記一切，蒙受新生，回到地上。

這與猶太教和基督教的最後審判故事極為類似。神在世界末日現身，審判包含死者和生者在內的所有人類。區分出天堂和地獄這一點也一樣。不過，基督教雖然承繼猶太教的末日思想，卻發展出別的故事。所有人類的罪惡會由耶穌代為承受，將人類從懲罰中拯救出來，這部分就與猶太教不相容。

## 「新柏拉圖主義」替基督教帶來思想根據

同樣在亞歷山卓，出現了從其他角度解釋柏拉圖哲學的流派，稱為「新柏拉圖主義」（Neo-Platonism）。在第四章也提到，柏拉圖的著作多半採用「對話錄」這種獨特的形式，雖然用詞淺顯，卻相當難解讀真正的意義。但反過來也可以說，正是因為如此，各式各樣的解釋才會成立。

「新柏拉圖主義」也是其中之一。西元三世紀左右，埃及哲學家普羅提諾（Plotinus）提倡這套學說，特色在於替柏拉圖的「理型論」，加上當時東方神祕主義的思想，讓前者更為透徹。

根據這套學說，世界大致可分為四層結構。最上層是「太一」（The One），其次是「理智」，再往下是「靈魂」，而最底層則是「物質」。所有的造物主都是太一，釋放出無限的能量流溢到理智，接著流溢到靈魂，再流溢到物質，世界於焉成形。這就稱為「流溢論」（Emanationism），而且他還以這種世界觀為前提，闡述人類生存的目的是離開肉體的現實，憑藉愛慾的力量溯流而上，接近太一。

但是，是在十八世紀以後，才把這種思想稱為「新柏拉圖主義」。當時的觀點是將普羅提諾本人定位為柏拉圖哲學的正統解釋者，另外對於基督教也持否定意見。

不過「太一」這種至高無上的存在，會讓人聯想到一神教，因而和基督教結合，逐漸成為其思想根據。也可以說，是因為排除異教，需要將教義理論化，所以就利用了柏拉圖的思想，柏拉圖的名字也因此流芳百世。另外，闡述這種理論的神學家和聖職人員，則稱為「教父」。

基督教神學家奧斯定（Augustine）生於西元四世紀至五世紀，他格外受到「新柏拉圖主義」的影響，對於確立天主教的教義貢獻尤多。這也為基督教成為羅馬國教和世界性宗教，帶來莫大的貢獻。

## 奧斯定確立基督教的教義，原點也是柏拉圖

奧斯定留下了多部作品，代表作為《懺悔錄》（*Confessions*）和《天主之城》（*City of God*，又譯為《上帝之城》）。其中的《懺悔錄》是赤裸裸的自傳，描述他年輕時出國旅遊，學習雄辯術，曾捨棄過基督教，信奉發祥於波斯的摩尼教。當時他越來越沉溺在酒色當中，天天放蕩度日，直到最後再次皈依了基督，獲得拯救。

其中還有些內容，描述他年輕時讀過亞里斯多德的著作《範疇集》（*Categories*），覺得「完全派不上用場」。當時的學者經常討論這本書，而且周圍的學生還因看不懂而束之高閣。原本他還期待裡頭有多麼偉大的內容，結果理解起來卻很容易，於是期待就落空了。亞里斯多德的思想極為現實而理性，似乎不適合企求神的奧斯定。單憑這段描述，就可以知道在當時的知識階層之間，有多麼崇敬亞里斯多德了。

爾後，奧斯定離開米蘭，接受教父安博（Ambrose）的教誨，遇上「新柏拉圖主義」。他發現其神祕性和基督教之間有許多共通點，於是就換個解釋，重新閱讀《新約聖經》的《保羅書信》，終於回心轉意、改信基督教。

另外，《天主之城》發展出來的論述，是假設世上有天主之城、地上之城的「雙城論」。

雖然肉眼看不見充滿安樂的天主之城，但在充斥於世俗的地上之城中，能夠體現該處的，就是教會。所以人們只要擁有信仰之心，無論現實的國家在哪裡，也可以透過教會貼近「天主之城」。

這個主張也是適應現實世界劇烈變化的處方箋。不久，西羅馬帝國陸續受到日耳曼人（Germanic People）和中亞遊牧民族匈人（Huns）進攻而衰退，皇帝於西元四七六年遭到流放，宣告滅亡。反觀東羅馬帝國，則存續到十五世紀中葉，卻遠離羅馬，逐漸沾染上希臘文化，史稱「拜占庭帝國」。拜占庭的由來就是君士坦丁堡（Constantinople）的希臘文舊名「拜占庭」。

然而，無論是哪個民族、哪個皇帝即位，基督教及其教會本身仍持續維持勢力。因為他們一心認為，天主之城與地上之城不在同一層次上。基督教不是受到國家保護的宗教，反而變成輕易越過國境、概念居於國家之上、廣泛受到信仰的宗教。另外，國家則試圖將其威望作為權力基礎，進而穩固統治，這就成了後來西歐社會的基本結構。

就如前面所言，基督教原本就是遭受凌虐之人尋求救贖的宗教，卻在不知不覺中，即使是擁有絕對權力的羅馬皇帝也要依從，昇華為規範西歐社會結構的存在。這就是歷史的有趣之處。

奧斯定建立其理論支柱，而如果向上追溯原點，則是柏拉圖的思想。

## 從學問的破壞到「黑暗時代」

不過，即使在同時代、同樣信奉新柏拉圖主義的學者，也有人死於非命。她就是新柏拉圖主義發祥地——亞歷山卓的哲學學校校長海芭夏（Hypatia）。據說這位女性既是哲學家，也是天才數學家，還是位天文學家。

然而，她太過學究和講求科學，與基督教式的神祕主義不相容。基督教徒將憎惡的目光朝向她，將她視為瀆神者和異端者。

西元四一二年，亞歷山卓的基督教徒變成暴徒，開始大規模迫害異教徒和猶太人，大肆破壞。西元四一五年，歷時數年之後，海芭夏也成了遭到殘殺的對象。在後來的時代中，她的生涯和死亡，也被描繪成許多文學作品和繪畫作品。近來還有部電影叫做《風暴佳人》（*Agora*，二〇〇九年）。另外，逃離迫害的異教學者們，都盡可能抱著文獻，意圖亡命到非基督教圈的地區，也就是東方的波斯薩珊王朝。

就連後來的東羅馬帝國（拜占庭帝國），也曾對希臘主義造成歷史性的破壞，極盛期是西元六世紀查士丁尼大帝的時代。他先奪回東哥德王國統治的義大利半島，再奪回西哥德王國統治的伊比利半島，就算只是暫時性的，版圖也擴張到足以與昔日的羅馬帝國匹敵。另外，他的知名事蹟還有編纂《查士丁尼法典》（*Corpus Juris Civilis*）——這套堪稱現代大陸法的原典，強化法律體系，並在首都君士坦丁堡重建雄偉的「聖索菲亞大教堂」（Hagia Sophia，現阿亞索菲亞清真寺〔Ayasofya〕）。

查士丁尼大帝為了顧及基督教這個支持基本盤，嚴格取締異教和非基督教的事物，強迫非教徒改宗為基督教，不從就公開審判，最後處決。這波掃蕩一直延燒，不管是以前柏拉圖在雅典郊外開設的「柏拉圖學院」也好，同樣在亞歷山卓開設的呂刻昂學院也好，統統遭到關閉。橫跨約九百年，作為「希臘主義」羽翼的優質學問設施，因為基督教而被迫退場。學者依然抱著柏拉圖和亞里斯多德的文獻逃往東方。

爾後，歐洲就進入了一般所稱的黑暗時代。基督教的教義和封建制橫行，以希臘主義為首的傳統則斷絕，政治、經濟、社會、文化，統統持續陷入混亂和停滯。直到約五百年後的十一世紀，這樣的時代才結束。

另一方面，波斯薩珊王朝接納從西方逃亡而來的學者，由大學雇用他們，抱來的文獻則收藏到圖書館。西方消失的希臘主義，就在當地維繫命脈。

之後東羅馬帝國就以「羅馬帝國」這個文明世界的統治者自稱，同時定位為能夠存續到最後審判的基督教國家。換句話說，皇帝是擁有政教合一強大權限的「諸王之王」，是元老院、公民和軍人要服從的「神之地上代理人」。

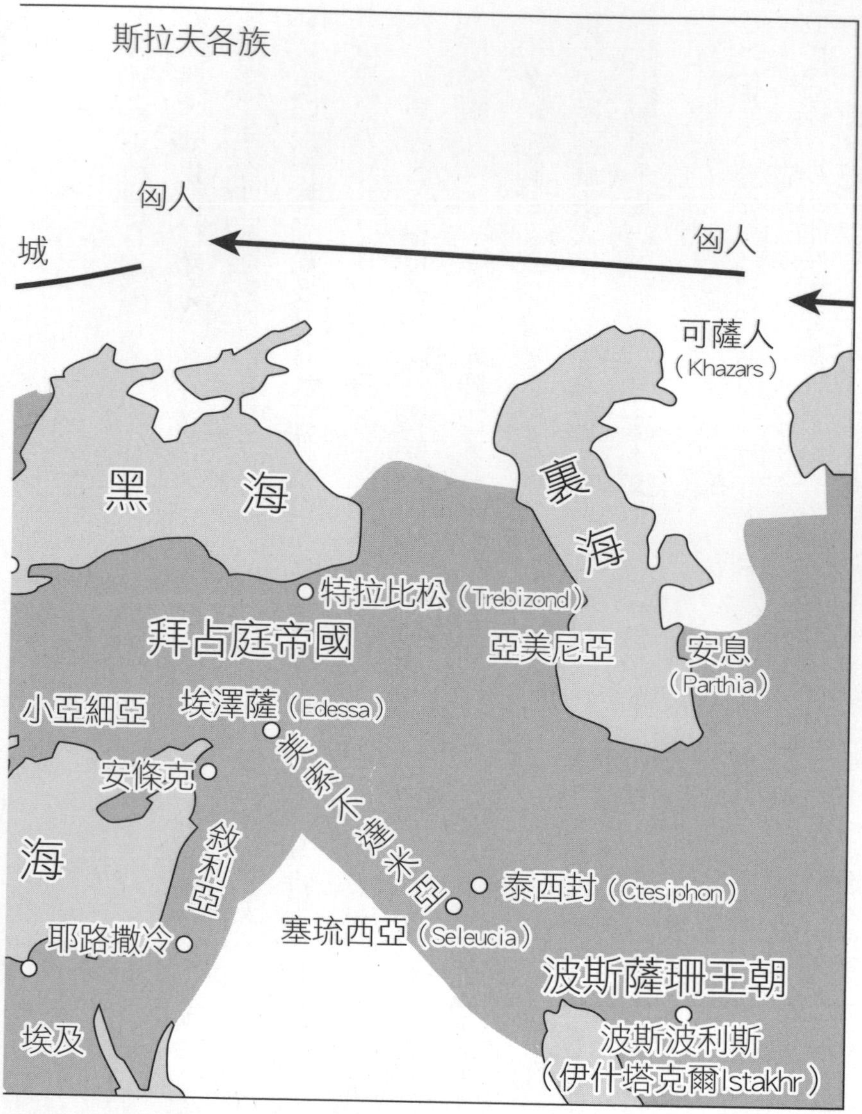
斯拉夫各族
匈人
城
匈人
可薩人
（Khazars）
黑　海
裏
海
特拉比松（Trebizond）
拜占庭帝國
亞美尼亞
安息
（Parthia）
小亞細亞
埃澤薩（Edessa）
安條克
美索不達米亞
敘利亞
海
泰西封（Ctesiphon）
塞琉西亞（Seleucia）
耶路撒冷
波斯薩珊王朝
波斯波利斯
（伊什塔克爾Istakhr）
埃及

**圖表7-2 羅馬帝國滅亡後的世界**

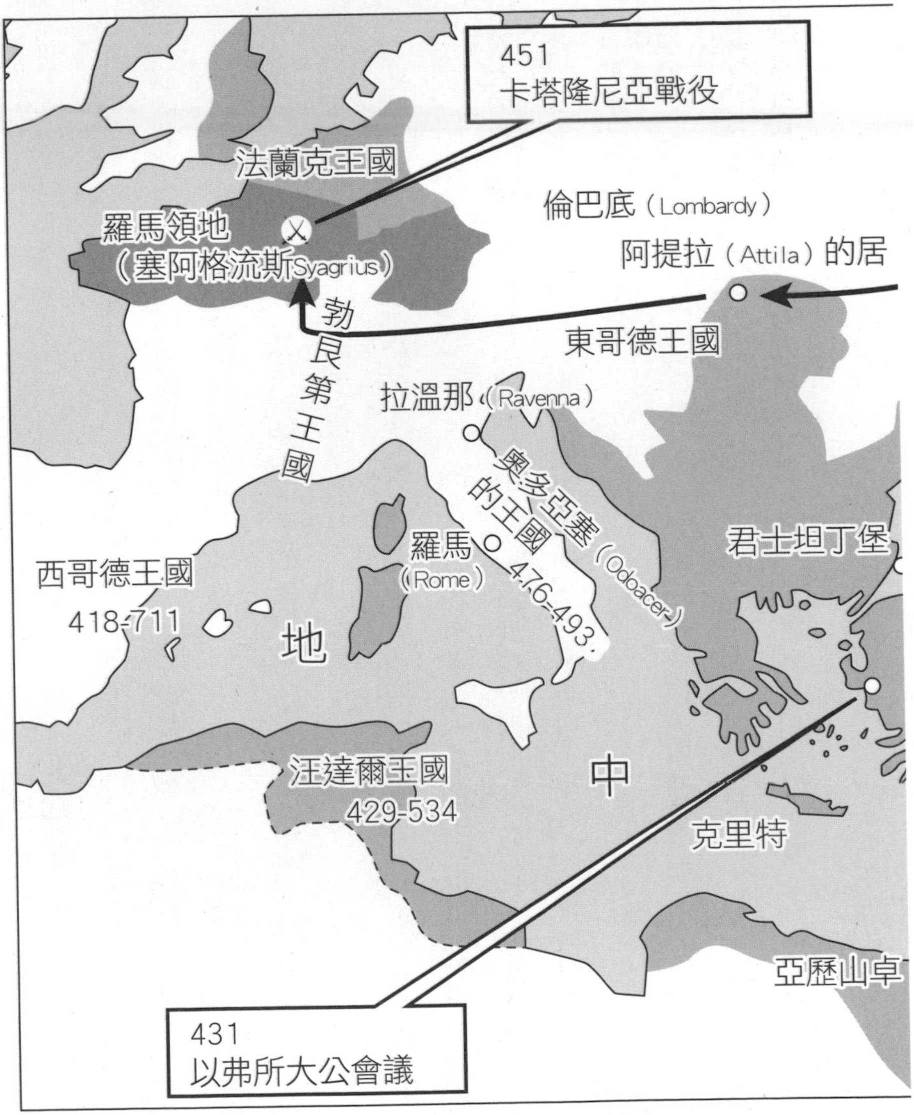
451
卡塔隆尼亞戰役
法蘭克王國
倫巴底（Lombardy）
羅馬領地
（塞阿格流斯Syagrius）
阿提拉（Attila）的居
勃艮第王國
東哥德王國
拉溫那（Ravenna）
奧多亞塞（Odoacer）的王國
476-493
羅馬
（Rome）
君士坦丁堡
西哥德王國
418-711
地
中
汪達爾王國
429-534
克里特
亞歷山卓
431
以弗所大公會議

## 希臘主義邁向伊斯蘭社會，保全了被迫害的西方學者

然而，帝國的歷史並不穩定。從西元五〇二年起，就與波斯薩珊王朝之間展開戰爭（阿納斯塔斯戰爭）。這場戰爭本身打了四年就休戰，但兩國間的緊張關係，後來也持續將近一百年。兩國互相爭奪敘利亞和埃及的穀倉地帶，陷入疲弊。

另外，雖然東羅馬帝國就如前面所言，暫時取回昔日羅馬帝國的版圖，不過西元五四三年鼠疫大流行。再者，國家陸續受到來自北方的斯拉夫人（Slavs）和阿瓦爾人（Avars）進攻。為了遠征和建設首都，而在財政上負債累累。

另一方面，波斯薩珊王朝於西元六五一年滅亡。在稍早的西元六二二年，王朝滅亡不久前，出生於阿拉伯半島麥加（Mecca）的預言家穆罕默德（Muhammad）復興伊斯蘭教，勢力轉眼擴大，約十年就掌控整個阿拉伯半島。他過世後，被稱為哈里發（編按：伊斯蘭教的最高統治者之意）的後繼者就與東羅馬帝國作戰，打下美索不達米亞、敘利亞、埃及、安那托利亞（現土耳其的亞洲部分），連波斯薩珊王朝都併吞了。

哈里發一族的奧瑪亞（Umayyad）家族趁勢繼承政權，奧瑪亞王朝的時代也延續下去，在八世紀中葉左右，將北非和伊比利半島置於勢力下。另外在過程中，為了統治廣大地區，而將首都從以往阿拉伯半島的麥地那（Medina），遷到敘利亞的大馬士革（Damascus）。

後來繼任的阿拔斯王朝時代，將體制從阿拉伯人統治的國家型態，轉型為異民族也可在改宗伊斯蘭教後，不受差別待遇，試圖藉此統治廣大地區中多樣化的民族。這就是正統「伊斯蘭帝國」之始。

西元七六二年，阿拔斯王朝為了統合廣大的帝國，而遷都到巴格達。巴格達不僅是政治和經濟的中心，還成為文化和學問的中心，發展成當時世界最大的都市。

關鍵在接下來的事。前面也提到，被伊斯蘭勢力消滅前的波斯薩珊王朝，將東羅馬帝國視為異教徒迫害的學者們，收留在宮廷圖書館。

阿拔斯王朝也繼承其研究和文獻。據說阿拉伯人原本就求知若渴，彙整穆罕默德言詞的伊斯蘭教聖經《古蘭經》，也有「要追求知識」一語（譯註：此處應指穆罕默德聖訓：「學問雖遠在中國，亦當求之。」）。西元八三〇年，巴格達設立圖書館「智慧宮」，就像是實踐這句格言一樣。在該處進行的研究工作，就是將希臘文和波斯文所寫的文獻，翻譯為阿拉伯文。

紙的普及加速了這項研究。在此之前的西元七五一年，阿拔斯王朝覬覦中亞的霸權，而在怛羅斯（Talas，現吉爾吉斯〔Kyrgyzstan〕）與中國唐朝作戰獲勝。據說當時的俘虜中有製紙工匠，便將技術帶到伊斯蘭社會。當時在歐洲提到紙，就是高價的羊皮紙，因此文獻也必然稀少。然而伊斯蘭世界可以便宜製造紙張，所以翻譯工作進展神速。

於是，希臘主義的睿智就由伊斯蘭社會繼承，浸淫其中。另外，阿拉伯文也以這項翻譯工作為契機，確立學術共通語言的地位。

## 十字軍東征，讓希臘主義再度回歸歐洲

伊斯蘭的學術活動，也在不可思議的機緣下影響歐洲。

就如先前所述，奧瑪亞王朝的時代，其勢力遠及伊比利半島。然而政權遭阿拔斯王朝奪走之後，當地就成功獨立為「後奧瑪亞王朝」。該王朝以先進的伊斯蘭文明為基礎，承認信教的自由，除了伊斯蘭教徒外，還與基督教徒和猶太教徒共存，推展經濟和文化的交流，直到十世紀左右都非常繁榮。

然而在一千年以後，王朝為了後繼問題產生內訌，於一〇三一年滅亡，分裂為小國。被趕到半島一角的基督教國家卡斯提爾王國，就趁機奪回失地。

卡斯提爾王國在這段過程當中，於一〇八五年，征服位在馬德里以南的古都托雷多（Toledo）。該地大量保留了柏拉圖、亞里斯多德和其他希臘主義文獻的阿拉伯譯本，以及伊斯蘭的哲學家和科學家等撰寫的研究書籍。其中還有古希臘時代希波克拉底醫學、歐幾里得幾何學，以及古羅馬時代托勒密天文學的相關研究書籍，都是當時在歐洲被徹底遺忘的知識。

卡斯提爾王國著手將這些文獻，統統翻譯成拉丁文，這項工作由伊斯蘭教徒、猶太教徒和基督教徒共同參與，史稱「托雷多翻譯學院」（Toledo School of Translators）。於是，從西元五二九年柏拉圖學院和呂刻昂學院關閉以來，睽違約五百年的希臘主義總算回到歐洲。

正好當時俗稱的十字軍運動開始。十一世紀中葉，塞爾柱王朝在伊斯蘭世界掌握霸權後，就順勢進軍拜占庭帝國（東羅馬帝國）的領土，搶奪敘利亞和巴勒斯坦的土地。拜占庭帝國見狀，便向羅馬教宗請求救援，教宗回應請求，所派遣的基督教圈聯軍就是十字軍。遠征至十三世紀末為止、約為兩百年，總計打了八次（某些解釋認為是七次）。然而，最後在軍事和領土上一無所獲，就此告終。

不過，西方與伊斯蘭的交流和貿易，倒是藉機繁盛起來，其文化和技術傳到歐洲。這讓歐洲注意到自己落後於伊斯蘭文明，也釀成了危機感。另外，當時的商業以驚人的態勢發展，也是人民能夠享受富裕的時代。另一方面則招來大眾的墮落，對社會風氣的反感也變得激烈，於是對學問的欲求，就一口氣升高了。

## 現今的「大學」源自教會傳教的經院

原本教會和修道院就會附設學校，稱為「經院」（Schola），與西羅馬帝國的滅亡息息相關。雖然義大利半島和西歐遭到大量流入的日耳曼人破壞而荒廢，教會卻存續下來。他們為求生存，努力讓日耳曼人信奉基督教，「經院」就是為此而存在的學校。

宗教教育，需要道理讓人堅信神的存在。前面提到奧斯定《天主之城》之類的著作，就發揮作用了。該書的教義試圖以柏拉圖的理型論為基礎，提出藉由「相信」，靈魂就能夠得救，擁有足夠的說服力。

然而，從伊斯蘭帶來古老的新知之後，經院的型態也產生變化。雖然讓人承認神存在的目標本身沒變，學生卻不只有日耳曼人，階層還很廣泛。教學也不是單向講課，而是採討論和提問應答的方式，以回應社會想要了解得更廣、更深的要求。這種教育方法統稱「經院學」。另外，經院就是今日英文中「學校」（School）的語源。

不久，採獨立形式、與教會和修道院無關的經院就出現了。其中扮演主導角色的教學型態，是想要學習的人聚在一起、組成一種行會，共同雇用教師。拉丁文稱之為「*Universitas*」，衍生出來的機構就是大學。義大利的波隆那大學、巴黎大學、牛津大學、劍橋大學，以及西班牙的薩拉曼卡大學等設施，就在這個時代設立。

這些大學不僅傳授神學和哲學，也傳授醫學、法學、自然科學等其他科目。順帶一提，英文將大學稱為「University」，就是源於「Universitas」。

## 圖表7-3 這些知名大學都誕生於中世紀

| 大學名稱 | 起源 | 代表校友 |
| --- | --- | --- |
| 波隆那大學 | 法學中心。於十一世紀成立。<br>發展為羅馬法的專科學校。 | 但丁（Dante） |
| 巴黎大學 | 神學中心。於十二世紀成立。<br>母體為巴黎聖母院附設的神學院。 | 多瑪斯・阿奎那<br>（Thomas Aquinas） |
| 牛津大學 | 神學中心。於十二世紀成立。<br>由從巴黎移居的學生創辦。 | 羅傑・培根<br>（Roger Bacon） |
| 劍橋大學 | 十三世紀脫離牛津大學。 | 伊拉斯謨（Erasmus）、<br>牛頓（Newton） |
| 拿坡里大學 | 十三世紀由神聖羅馬帝國皇帝腓特烈二世（Friedrich II）創辦。 | 薄伽丘（Boccaccio） |
| 布拉格大學 | 十四世紀由神聖羅馬帝國皇帝查理四世（Charles IV）創辦。 | 胡斯（Hus） |

## 哪些是哲學？什麼是神學？多瑪斯．阿奎那解決了這些問題

大學誕生，學問興盛，知識增加，邏輯思考抬頭後，就要再次探索一個問題——「神是什麼」。換句話說，談論關於神學和哲學的話題，就稱為「經院哲學」。

以前基督教的教義，基本上就如奧斯定所言，遵循新柏拉圖主義，設想「天主之城」的存在。然而，這已經不夠科學、無法說服人。接受新知和科學，也許會讓人遠離信仰，而若排除的話，則會與知識階層對立，越來越落後於伊斯蘭世界。

於是，生於十三世紀的義大利神學家兼哲學家多瑪斯．阿奎那，便提出新說。他在閱讀從伊斯蘭帶進來的大量文獻時，幾經曲折後找到亞里斯多德哲學的根本概念「四因說」。簡單來說，這項觀念就是指存在和行為必有原因。

多瑪斯．阿奎那從中獲得靈感。假如所有的現象都有原因，原因也就會有其根本原因，但不可能永遠追溯下去，其出發點就是神。宇宙可以證明這一點，人類沒有動手，太陽、月亮和星星就會作為天體來運行（當時仍為天動說），這正是神所為，叫做「神的宇宙論證明」。

接著他再進一步論證，說明世間的真理是雙重的。幾乎所有現象的原因和結果，都可以憑人類的理性了解，這種學問就是哲學。然而宇宙的運行、死後的世界，以及神的存在等現

象，就不是人類所能了解的，解釋這個問題的，就是神學。

另外，他在代表作《神學大全》（*Summa Theologica*）中，引用經院哲學的一句話：「哲學是神學的使女。」「使女」的意思是供使喚的婢女。哲學是人類智慧的結晶中不可或缺之物，神學則處理智慧不及的部分，絕對居於哲學之上。

這種解釋為爾後的世界留下兩大事蹟，第一個是將神學的根據，從柏拉圖轉移到亞里斯多德，而另一個則是明快處理神學和哲學的關係。於是，知識和科學得以在哲學的範疇上充分吸收。另一方面，既然將哲學定位為神學的助手，位居神學中心地帶的教會權威，也就不會被動搖了。

在今天的歐美，乍看之下或許相互矛盾的科學和宗教，就如理所當然般並行不悖，其根柢就是多瑪斯·阿奎那，講得更深入點，則可以說是亞里斯多德的哲學。

無論如何，大量的知識從伊斯蘭逆向進口或流入歐洲，學問、科學和藝術開花的時代稱為「十二世紀文藝復興」，這是十四世紀義大利，展開正式文藝復興的前哨。

第八章

# 向經典學習，向大師學習，從文藝復興到近代

笛卡兒、盧梭、亞當·斯密……這些大師的著作建立近世以後的歐洲主權國家，不斷推動時代。今天大家依舊閱讀他們的著作，衍生出相關研究與學問。

文藝復興（Renaissance）原本是法文，意思是「再生」和「復活」。顧名思義，指的就是長期斷絕的希臘主義文化在歐洲復活。

正式的文藝復興始於十四世紀的義大利，其中有三大理由。

第一個理由就如前一章所言，希臘主義的文化從伊斯蘭世界大量逆向進口，因而喚醒眾人對於學問、科學和藝術的渴望。

第二個理由，是史稱「黑死病」的鼠疫大流行。這個傳染病發生於十四世紀中葉的義大利，幾年之間就奪走歐洲總人口三分之一的生命，對社會和經濟的打擊自不待言，同時也大幅影響眾人的生死觀和宗教觀。他們面對死亡逼近，知道教宗和教會都無能為力，所以要自由生活，不受權威束縛。

第三個理由則是商業的發達。尤其是北義大利的威尼斯、熱那亞及其他港灣都市，更是作為與伊斯蘭世界貿易的據點而繁榮昌盛。以這份富裕為後盾，公民的文化變得發達。這時誕生於義大利的代表作，就是但丁的史詩《神曲》（*Divine Comedy*）和薄伽丘（Boccaccio）的短篇小說集《十日談》（*Decameron*）。

到了十五世紀，文藝復興的中心轉移到中北部的內陸都市佛羅倫斯，這時扮演主導角色的是以金融業致富的梅迪奇（Medici）家族。一四五三年，東羅馬帝國（拜占庭帝國）滅亡，雖然從十一世紀的十字軍時代起，勢力就已經衰退，不過要等到鄂圖曼帝國在伊斯蘭世界擴大勢力、發動進攻，首都君士坦丁堡淪陷後，才結束約一千年的歷史。

## 有希臘主義，才有文藝復興

這時，許多身在君士坦丁堡的希臘學者和藝術家，統統逃往西方。梅迪奇家族接納並收留他們，於是希臘主義多半由佛羅倫斯繼承。

聖母百花大教堂（Florence Cathedral）就是在這個時期完成，今日仍是該市的象徵。另外，誕生於佛羅倫斯的波提切利（Botticelli），也於十五世紀末畫出知名作品〈維納斯的誕生〉（*The Birth of Venus*）。順帶一提，「維納斯」（Venus）的原型，就是希臘神話中繁殖和豐饒女神阿芙蘿黛蒂（Aphrodite）。

到了十六世紀，文藝復興就迎向全盛期。佛羅倫斯的李奧納多．達文西畫出〈蒙娜麗莎〉（*Mona Lisa*），拉斐爾畫出前面介紹過的〈雅典學院〉，思想家馬基維利（Niccolo Machiavelli）寫出《君王論》（*The Prince*），都是在這個時期。爾後，文藝復興的中心就從佛羅倫斯轉移到羅馬，羅馬教宗成為主要的保護者。具象徵性的事件，就是天主教總部聖伯多祿大殿（St. Peter's Basilica，又譯為聖彼得大教堂）的大整修，由拉斐爾和米開朗基羅等人負責設計和製作壁畫。不過，這也成了馬丁．路德宗教改革的萌芽。

## 大航海時代到來，出現「股份公司」

當時的歐洲與文藝復興交互糾纏下，引發兩個重大的變化。一個是大航海時代的肇始。鄂圖曼帝國滅了東羅馬帝國，獲得地中海貿易的權益。歐洲各國受到衝擊，於是就尋求更西邊的貿易路線，也就是大西洋。

率先行動的是葡萄牙和西班牙，雖然也是因為地理上面向大西洋，但理由不僅如此。就如前一章所言，伊比利半島以前受伊斯蘭勢力統治。雖然基督教勢力從十一世紀初期復興，伊斯蘭勢力卻還有不只一個小國存續。不過在十五世紀末，伊斯蘭勢力就幾乎完全遭到排除，這一連串的變動史稱「收復失地運動」。

當地就像是反作用一樣，形成葡萄牙和西班牙國王擁有強大權力的天主教國家。他們追求利益，舉國競爭，往開拓新路線邁進。由於文藝復興帶進造船和航海的技術，使得大航海成為可能。另外，羅馬教宗也為了在新世界傳教，而支援他們。

剛開始由葡萄牙率先開發路線，沿著非洲西海岸南下，接著越過好望角，再抵達印度。葡萄牙藉由從印度進口辛香料，獲得莫大的財富。

另一方面，接受西班牙出資的哥倫布（Christopher Columbus）則橫跨大西洋，以歐洲人的身分首次抵達美洲大陸。再者，麥哲倫（Ferdinand Magellan）率領的西班牙艦隊，則創下

## 圖表8-1 新航路發現之前和之後的貿易關係

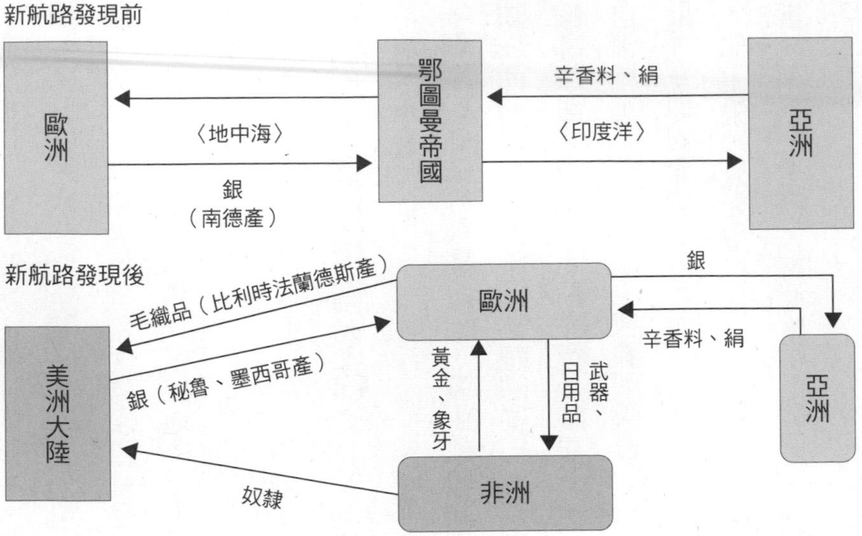


世界首次繞行全球一圈的記錄。從此以後，西班牙致力於將南美化為殖民地，同時當地還生產大量的銀，對西班牙也是利多。

十七世紀以後，荷蘭、英國和法國也追隨這兩個先驅國，即使慢了一步，也要確保在海外的權益。其中有兩大理由，其一是他們比這兩個先驅國，更早開拓北美大陸和澳洲大陸等地，另一個理由則是確立「股份公司」的制度。

航海當然有各式各樣的風險。出航前花費高額資金，要是成功的話，就會賺回幾十倍，但若失敗就化為烏有。所以在葡萄牙和西班牙主導的時代，是由國家和部分富有階層為主要出資者，而且每次航海都要精打細算。這在某種意義上，近似於孤注一擲的賭博，航海的頻率因此受限。

然而，荷蘭在一六〇二年開設東印度公司，從社會廣泛募集小額資金，同時籌備保險制度等措施，建立分散風險的機制，據說這就是股份公司的原型。爾後，藉由持續募集莫大的資金，更容易頻繁的航海和建立殖民地。這項機制在英國浸淫尤深，支撐後來殖民地的獲取和經濟發展。

## 活字印刷讓人直接接觸聖經

另一個剛好在文藝復興時期，發生於歐洲的大變化，就是「宗教改革」。開端在西元一五一五年，當時的羅馬教宗良十世（Pope Leo X）為了替前面提到的聖伯多祿大殿募集建設資金，大量發行「贖罪券」（某種免罪符）。那時為「神聖羅馬帝國」的德國，自稱羅馬帝國的後繼，在該國販賣的贖罪券特別多。

結果，在德國北部都市威登堡（Wittenberg）的大學中，有位神學教授馬丁·路德就提出異議。他主張，只要抱持信仰，就能獲得神的赦免，教會無法代勞，發生金錢的授受更是不恰當。一五一七年，路德將這項宗旨彙總成拉丁文文件《九十五條論綱》（*Ninety-five Theses*），張貼在教會的門扉上，這是當時學術討論慣見的做法。

然而，有個人將文件翻譯成德文，印刷後大量發送，使得《論綱》的內容擴散到整個德國。這時推波助瀾的，是十五世紀德國技術人員古騰堡（Johannes Gutenberg）開發的活字印刷術。順帶一提，印刷術與羅盤、火藥並稱為「文藝復興時期的三大發明」。

許多人對神聖羅馬帝國和羅馬教會的墮落心懷不滿，他們都贊同《論綱》，一起提出批判。原本帝國的基礎就很脆弱，當時的德國處於將近三百個小國分立的狀態，稱為「領土型國家」（Territorial State），帝國只是在形式上君臨而已。

因此，在整個德國掀起的批判無法遏止。路德被帝國當時的皇帝卡爾五世（Karl V）（譯註：卡爾五世是查理五世〔Charles V〕的頭銜之一）視為異端者開除教籍，剝奪公民權，與帝國敵對的強力領土型國家卻收留他。於是路德就在這段期間，將當時以拉丁文為主流的《新約聖經》翻譯成德文。

這也是藉由活字印刷大量印製，許多德國人才了解聖經的內容。裡面當然沒有寫到教會的權威和「贖罪券」，於是對教會的批判和不滿日漸升高。重要的就只有基於聖經的信仰之心，無需教會及聖職人員的權威，抱持這種思維的流派，就稱為「路德派」。

當勢力強大之後，天主教教會當然會加以鎮壓，試圖控制。路德派見狀，就向卡爾五世提出「抗議書」（Protest）。從此以後，眾人就取對抗天主教（舊教）的新教徒之意，稱他們為「新教」（Protestant）。

另外，閱讀路德的《論綱》而受到影響的人物，其中之一就是法國思想家約翰·加爾文（John Calvin），他主張應回歸聖經的教誨，否定教會和聖職人員的權威，獲得極大的支持，這個流派就稱為「加爾文派」。

象徵加爾文思想的是「預定論」。以前羅馬帝國時代的神學家奧斯定，提倡人類的命運是由神事先決定，這個概念似乎源於柏拉圖在《理想國》中談到的「厄爾故事」，內容已如前述。

加爾文將這個概念再發展下去，認為既然命運由神決定，完成命運就是獲得神的祝福唯一的方法。替換成俗世的說法，就是拚命工作會直接連結到信仰，假如因而獲得許多財富，那也是神的意志，所以受到廣大勞動階層的支持。這種思想擴散到加爾文的亡命之地瑞士、還形成法國的「胡格諾派」、英國（英格蘭）的「清教徒」，及荷蘭的「丐軍」（Geuzen），發揚光大。

## 邁向「三十年戰爭」——藉宗教戰爭名義掀起大戰

天主教與新教的對立，在整個歐洲越演越烈。雖然也有和解的場面，卻沒有平息下來。另外，各國會競相開拓海外航路，也是為了傳教。結果就發展成許多大大小小的戰爭，從十六世紀中葉打到十七世紀，橫跨約一個世紀。

其中規模特別大的，就是德國從一六一八年持續到一六四八年的「三十年戰爭」，領土型國家分為天主教和新教相爭，歐洲各國介入其間，發展成國際性的戰爭。

雖然發端是宗教對立，但各國除此之外還另有所圖。對於天主教的神聖羅馬帝國來說，能夠趁機打擊新教的領土型國家，擴大在德國的權威和權力。另外，雖然西班牙支援帝國方，荷蘭支援領土型國家方，不過當時的荷蘭為西班牙領土，正在打獨立戰爭（八十年戰爭），於是也在德國境內展開代理戰爭。

而丹麥也受到英國、荷蘭和法國的支援，以領土型國家一方參戰。法國雖然是天主教國家，加入的卻不是帝國方而是領土型國家一方。帝國的皇帝和西班牙國王有個共通點，就是都出身於名門貴族哈布斯堡（Habsburg）家族。相形之下，法國國王則是波旁（Bourbon）家族，與哈布斯堡家族是競爭對手，加入敵方其實是為了政治盤算，不願助長哈布斯堡家族的氣焰。

瑞典也獲得法國的支援，進軍德國境內。丹麥和瑞典的意圖是削弱帝國力量，進而保住在北歐的利益。

不久，法國和西班牙也入侵德國領地內。另外在同一時期，兩軍也在法國北部激戰。換句話說，隨著戰況進行，當初宗教戰爭的色彩就變得淡薄，逐漸變質為主權國家互相爭奪國

**圖表8-2　宗教改革後的宗教分布**

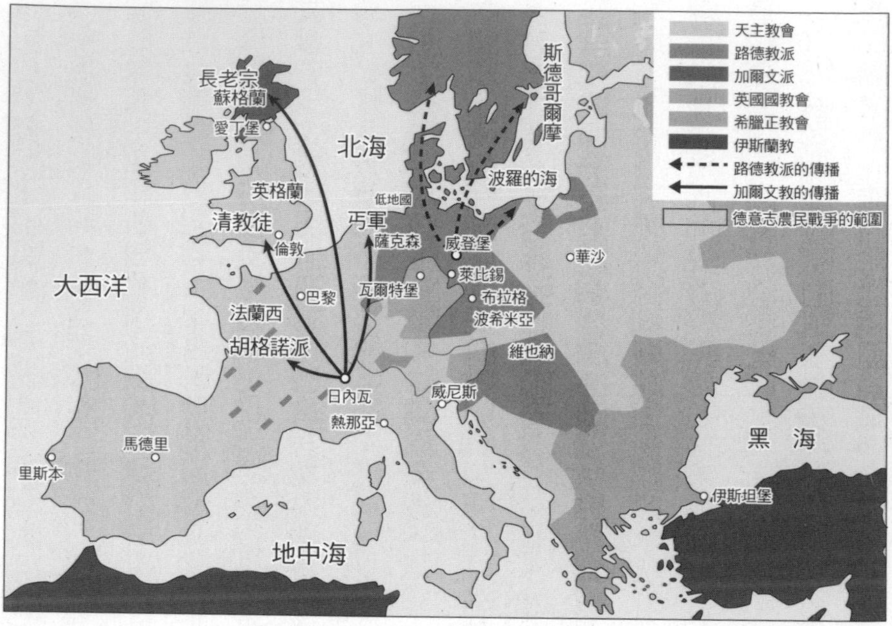


家利益的戰爭。

## 「西發里亞條約」，終結了歐洲封建社會

結果，這場戰爭參雜宗教和國家的因素，陷入泥沼狀態，在勝負未分的情況下，就從一六四四年展開和平停戰會議。會議名稱源自於在德國西部舉行會議地點的地區名，故稱「西發里亞會議」。

與會者為各國所派來的使節，包含神聖羅馬帝國、德國數十個領土型國家，以及其他歐洲大多數、無論是否參戰的國家。

這是世界首度為求解決紛爭，而由多個國家召開的國際會議。

討論花了四年，總算於一六四八年締結「西發里亞條約」。內容涉及多方面，其中至關重大的有兩項。第一項是關於宗教，新教的信仰獲得承認，要設法與天主教共存；另一項則是關於政治體制，德國領土型國家的主權獲得承認，荷蘭正式從西班牙獨立，瑞士也正式從形式上的統治國神聖羅馬帝國獨立。另外，法國和瑞典則分別從德國獲得割讓的領地。

上述的共通點都是削弱神聖羅馬帝國的力量。無論在宗教上和政治上，皇帝的權益均大幅受限，帝國幾乎解體。因此，西發里亞條約也可說是「帝國的死亡證明書」。

這意味的不僅是一國體制的崩潰。長期君臨歐洲的名門貴族哈布斯堡家族凋零，這同時也是封建社會的終點。取而代之的，是作為統治機構的主權國家。主權國家擁有徵稅權，擁有軍隊、國境，領民變成國民，國王掌握全權，是今日近代國家的先驅。

從對外關係來看，西發里亞條約讓國家彼此尊重、互不侵犯，制定國際規則作為解決紛爭的手段，還建立了同盟關係以保勢力均衡。這就稱為「西發里亞體制」，持續至今，成為近代國際法的原點。

目前為止已經概觀十四世紀到十七世紀，發生於歐洲的文藝復興，以及接踵而來的大航海時代和宗教改革。這三大變化並非偶然發生在同個時代，彼此有著不小的關聯。假如發端是文藝復興帶來的思想和技術，就可以看出其根源希臘主義，具有多大的影響力了。

## 《君王論》——期盼沒落的義大利再興而寫

然而，姑且不論文藝復興，爾後的大航海時代和宗教改革、宗教戰爭中，過去理應以歐洲盟主身分繁榮發展的義大利，卻幾乎沒有登場。因為義大利處於小國分立的內亂狀態，陸續遭到法國、西班牙及神聖羅馬帝國趁機蹂躪。

這種狀態從一四九四年到一五五九年，持續六十年以上，史稱「義大利戰爭」。敵人特別覬覦梅迪奇家族所支持的佛羅倫斯，或藉由地中海貿易繁榮的威尼斯。另外在一五二七年，神聖羅馬帝國軍入侵羅馬，徹底破壞、殺戮和掠奪（羅馬之劫），於是義大利的文藝復興就迎向終點。

有一位思想家，在這樣的混亂當中摸索祖國復興之道，他就是尼古洛．馬基維利。馬基維利出身佛羅倫斯，原本是該國的官僚。就如前面所言，佛羅倫斯是梅迪奇家族統治下繁榮起來的都市，雖然名義上是共和國，實質上是施行僭主制。

然而，在一四九四年、義大利戰爭初期，梅迪奇家族屈服於法國的介入，招來公民的憤怒。佛羅倫斯就趁機改行名實相符的共和制。馬基維利就是在這時以官僚身分（主要為外交官）活躍。

但在之後的一五一二年，梅迪奇家族獲得哈布斯堡家族，及其掌控下的西班牙軍奧援，復辟為佛羅倫斯的僭主。順帶一提，這時的當家是喬凡尼・德・梅迪奇（Giovanni di Lorenzo de' Medici），他翌年獲選為羅馬教宗，也就是良十世。他大量發行「贖罪券」，種下「宗教改革」的起因，就如前面提到的一樣。

另一方面，馬基維利隨著梅迪奇家族復權而失去職位，雖然暫時被下獄，卻隨著教宗良十世的即位，而在特赦下釋放，遷居到山村執筆撰稿。這時寫成的就是知名的《君王論》。

書中始終在說明君王應該如何建立強大的國家，寫作的目的是獻給君臨佛羅倫斯的梅迪奇家族。馬基維利原本是共和制的信奉者，所以也有聲音批判他「變節」。然而，馬基維利身為當事人，看到義大利分裂為小國，勢力削弱，遭到他國蹂躪，所以他這個愛國者才不得不獻策。但也有說法指出他是要推銷自己，謀得一官半職。

實際上，書中的內容極為現實而具體，首先將國家體制大致區分為君主制和共和制，就像是仿效亞里斯多德的《政治學》一樣。接著將焦點放在君主制，列舉古希臘和羅馬的歷史事實為例，同時論及統治征服地的方法、掌握人心的技巧，以及要靈活運用無情和寬容等。

比如，馬基維利談到，「立國的根本在於健全的法律和優良的軍隊」。尤其在軍隊方面，雖然當時的主流是以金錢雇用的傭兵，他卻主張應由國民設置本國軍隊，而不是靠外籍兵團。另外，書中還提到「君王受民畏懼，比受民愛戴更利於統治」、「君王要凶猛如獅，狡猾如狐」、「有時謀略比信義更強而有力」等。

這些描述乍看之下與基督教的教誨，或是重視「德性」和「正義」的柏拉圖和亞里斯多德思想截然不同。為了目的可以用盡權謀術數，還以這樣的意義產生出「馬基維利主義」（Machiavellism）一詞。

但是馬基維利最終仍是以國家的安定與和平為目標，基於經驗提出實用的處方箋。從這層意義來看，本書就像是象徵文藝復興一樣，既合理又科學。

該書在一五三二年、馬基維利死後發行，天主教教會卻長期將它視為禁書。直到十八世紀法國思想家盧梭（Jean-Jacques Rousseau），在《社會契約論》（*The Social Contract*，又名《民約論》）中視為「共和主義者的教科書」，才改變評價。爾後，這本書就號稱為近代政治學的濫觴。

## 歷史著作所共通的「冷靜觀照」態度

之後，歐洲歷史就從中世紀邁向近代。本書將會根據博雅教育的一般課程，追溯這段過程與象徵時代的幾本著作。

而前提是，這些著作都有個共通的關鍵字，那就是「觀照」（譯註：又譯為「沉思」）。顧名思義，這個詞指的就是映照、觀看，可以理解為成不參雜個人主觀，冷靜觀察事物並闡明本質。

這裡又要回頭談到柏拉圖。他的著作《會飲篇》（*Symposium*）是關於蘇格拉底和一干同伴，在宴席上飲酒討論的作品，主題是「愛」（Eros）。最後發言的蘇格拉底展開以下的論述。

人類皆有欲求，滿足欲求就會變得幸福，扮演中介角色的就是愛，人們渴求自己欠缺的事物。那麼，對人類來說，最欠缺的事物是什麼？那就是永恆。神會永遠不斷活著，人類卻皆有一死，所以會希望永生，期盼至少留下些什麼。

所以愛大致可分為兩種，一種是滿足肉體的欲求，也就是生殖行為，藉由懷孕生產，就能讓自己的「分身」繼續活下去。另一種則是滿足心靈的欲求。世間有形形色色的「美」，它並非表面上的美，而是事物的真理，亦即理型。人們無法輕易得見其面貌，不過「觀照」就可以做到這一點。

將光線打在對象上，冷靜觀察，揭露其真面目。假如某個人將藉此發現到的「美」告訴別人或留下紀錄，那個人的名字就可以透過「美」而永垂不朽。由此產生的人際關係是終極之愛，從滿足欲求的意義上來說，則可以獲得終極的幸福。

第五章介紹的亞里斯多德，也在《尼各馬可倫理學》最後一章，提到「觀照的生活」就是終極的幸福。雖然是徹底的現實主義，與談論理型的柏拉圖意見不合之處也很多，但關於終極幸福的論點卻完全一致。

接下來我們該知道兩件事。第一是要記得求取知識，也就是學習。或許很難沉浸在「觀照的生活」中，不過按照亞里斯多德的說法，其基礎就是科學、技藝、睿智、明智及智慧這五項，所以能不受環境和年齡的干預。

另一件事是延伸出來的科學，建立近世以後的歐洲主權國家，不斷推動時代。以下要介紹的著作可說是代表的例子，無一不是「觀照」的成果，所以才會大大影響當時的社會。另外，雖然作者的人生經歷各有不同，但今日大家仍舊持續閱讀他們的著作，衍生出相關研究和學問，從這層意義上來看，就是獲得了永恆的生命。

換句話說，希臘主義是近世以後世界的基礎，這絕不是誇大的比喻。

## 《談談方法》——「我思，故我在」，要懷疑，才有存在的價值

十七世紀前半的歐洲，就宛如三十年戰爭一樣，是嶄新的科學和一直以來的宗教交織對立的社會。文學的世界中出現了英國的莎士比亞（William Shakespeare）和西班牙的塞凡提斯（Miguel de Cervantes），但也有好幾位科學家和哲學家遭到宗教界迫害、處決。

最能代表這種現象的，就是一六三三年，將義大利物理學家伽利略·伽利萊（Galileo

Galilei）處以禁錮的宗教審判（不久後減刑為軟禁）。伽利略藉由天體觀測證明哥白尼（Nicolaus Copernicus）提倡的地動說，遭羅馬教廷起訴為「異端」。結果，其著作《關於托勒密和哥白尼兩大世界體系的對話》（*Dialogue Concerning the Two Chief World Systems*）就被義大利等天主教較強勢的國家禁止發行，到了十九世紀初才解除處分。

與伽利略幾乎活在同時代的，還有法國哲學家笛卡兒（René Descartes）。一六三七年發行的代表作《談談方法》（*Discours de la méthode*）中，就談到他受伽利略審判的影響，所以只公開內容摘要。

該書的全稱為《談談正確引導理性在各門科學上尋找真理的方法》。因為是預先提出針對後續屈光學、氣象學、幾何學等長篇論文的思考方法，所以一般將其稱為《談談方法》。其中特別知名的一句話，就是「我思，故我在」，意思不是單純指「思考很重要」。原本哲學中就有「懷疑主義」的觀念，對於一般的認知和價值觀，要從客觀與合理的立場，投以懷疑的目光，試圖釐清真相。當時科學對宗教的神祕性提出質疑，即使同為基督教，也會為了教義而發展成宗教戰爭，懷疑主義就更具有力量了。

相形之下，笛卡兒則提議從頭重新審視一切。針對世間稱為真理和常識的事物，要懷疑到底，假如之後剩下沒有疑慮的事物，那就是真理。這是探索真理的一個方法，故稱「方法的懷疑」（Methodical Doubt）。

**圖表8-3　笛卡兒以後的社會科學發展**

（刊載本書談到的主題）

- 勒內・笛卡兒《談談方法》
- 約翰・洛克（John Locke）《政府論》（*Two Treatises of Government*）
- 湯瑪斯・霍布斯（Thomas Hobbes）《利維坦》（*Leviathan*）
- 尚 - 雅克・盧梭《社會契約論》
- 亞當・斯密《國富論》（*The Wealth of Nations*）
- 約翰・史都華・彌爾（John Stuart Mill）《論自由》（*On Liberty*）
- 馬克思／恩格斯（Friedrich Engels）《共產黨宣言》（*The Communist Manifesto*）
- 查爾斯・達爾文《物種起源》（*On the Origin of Species*）

結果，會發現到其實世間每件事物都值得懷疑，但只有持續懷疑的自己，才是無庸置疑的事實。換句話說，正在思考的自己就是真理，這就是「我思，故我在」的意義。

這個態度與前述的「觀照」相通。以往真理是由神和教會規定的，笛卡兒則提倡以自己為探求真理的出發點，將人類的思考從「神」解放出來。就這層意義上來說，非常劃時代，所以笛卡兒才號稱「近代哲學之父」。

笛卡兒再以此為前提，努力證明神的存在。前一章曾介紹，十三世紀的多瑪斯·阿奎那，從天體的運行和死後的世界明確指出神的存在，同時肯定基於人類理性的學問。

笛卡兒則是首先認知到，自己是個只會「懷疑」的「不完美存在」，再從這一點出發。反過來看，就是能在腦中想像「什麼是完美」。那麼，該怎麼擁有這種想像？不完美的人類不可能產生這種想像，必然是由某個完美的存在提供給人類，那就是神。

雖然這部分的說明，看起來比多瑪斯·阿奎那更遠離宗教、更合理，卻也有點詭辯，所以在後世的研究人員之間，評價不怎麼高。

## 《利維坦》、《政府論》——人擁有自然權利，與國家締結契約

笛卡兒出生的時代後再過不久，隔了一片海的英國正陷入大混亂。

歐洲各國藉由一六四八年的西發里亞條約，結束三十年戰爭後，就強化本國主權國家的體制。然而，無論是會議和條約都與英國無關，因為英國從一六四二年就陷入內戰。

當時的國王查理一世（Charles I）施行專制政治，甚至解散了議會後就置之不理。另外，英國國教會雖近似於新教，卻與國王關係緊密，還保留天主教色彩的儀式。議會對此反彈，發展成武力衝突。內戰持續七年，到一六四九年處決查理一世才平息。從此以後英國就改行

共和制。在議會派當中，有許多加爾文派的新教人士，稱為「清教徒」，所以史稱「清教徒革命」。

然而，主導者克倫威爾（Oliver Cromwell）施行專制政治，使得政局不穩，於一六六〇年回歸王權。當時議會以新教徒為多數，之後即位的詹姆士二世（James II）卻是天主教徒，再次燃起國王和議會的對立。

議會與詹姆士二世的女兒兼新教徒瑪麗（Mary），及其丈夫荷蘭總督威廉（William）聯手抗爭，著手驅逐國王。國內受此影響，反國王的趨勢也活躍起來，使得詹姆士二世於一六八八年、毫無抵抗就亡命到法國。由於大變革沒有流血，所以史稱「光榮革命」。

翌年一六八九年，威廉和瑪麗以威廉三世（William III）和瑪麗二世（Mary II）的頭銜即位為國王。這時，議會向兩位國王提出《權利宣言》（*Declaration of Right*），獲得批准，後來就制定發布為《權利法案》（*Bill of Rights*），內容談到國民要向國王宣誓效忠，但也談到代表國民的議會擁有什麼權利，包括若未經議會同意、禁止立法和課稅，議會選舉和議會內的發言自由等規定。另外，天主教徒也禁止繼承王位。

英國藉機改行立憲君主制，限制國王的大權，從而走向世界帝國之路。

這段期間，英國出現兩本書籍、大幅影響爾後政治思想。第一本是政治思想家湯瑪斯・霍布斯的《利維坦》，發行於一六五一年清教徒革命後不久。

「利維坦」是出現在《舊約聖經》中的水怪，是公認世上最強的生物。霍布斯將牠比喻為擁有絕對權力的國家，不過它並非統治和打壓國民的形象。所有人類原本就擁有保護自己生命的「自然權利」，但若光是向彼此主張這種權利，恐怕反而會互相殘殺。因此要將各自擁有的權利，交託給絕對的國家權力，制定法律，確保彼此的安全。

每個人的信仰要與政治切割，以及國家要國民同意才會成立的社會契約概念，都是劃時代的創新。不過在這個架構上，個人無法抵抗國家。不過從這層意義上來看，這種思想也是在支持過往英國和法國的絕對王權。

第二本是一六九〇年由政治學家約翰・洛克撰寫的《政府論》，發行日約是《利維坦》的四十年後、光榮革命後不久。這本書由兩篇論文組成。前半部否定「君權神授說」（君權由神賦予、且不可侵犯的思想觀念），後半部則否定霍布斯絕對王權的思想。

洛克承認人類的「自然權利」，這一點與霍布斯相同，並且還主張自由權和所有權也為眾人所有。而在與國家締結契約以保護這些權利這一點，也是共通的。不過，國家絕不是絕對的存在，主權為國民所有，要是違反國民的意志，就可以抵抗並打倒它。

不用說，洛克當然支持兩年前的「光榮革命」。換言之，他從頭到尾都主張議會派的權利。不過，抵抗的概念，也為後來的美國獨立宣言和法國大革命帶來力量。

## 《社會契約論》——法國大革命的理論支柱

十八世紀的歐洲，仍是各國為了利益相爭的時代。以大規模的戰鬥來說，就有「西班牙王位繼承戰爭」（一七〇一年至一七一四年）、「奧地利王位繼承戰爭」（一七四〇年至一七四八年）及「七年戰爭」（一七五六年至一七六三年）。以上戰爭的主角皆為英國和法國，兩國之爭還蔓延到北美大陸和印度的殖民地。

結果英國掌握世界的霸權，得以實行大規模的三角貿易。典型的模式是將武器從本國出口到非洲西海岸，再從非洲西海岸載運奴隸，到西印度群島和北美大陸的殖民地，交換砂糖和棉花後帶回英國。從中獲得的莫大財富，就成了始於十八世紀中葉的工業革命的資金。

另一方面，殖民地陸續被英國搶走的法國，則因戰時巨額的費用導致財政入不敷出，國民生活窮困，當時的波旁王朝也必然的成為批判和憎惡的箭靶。

同時，從殖民地帶來的紅茶、咖啡和巧克力等嗜好品，則流通在歐洲各個都市區，形成咖啡館文化。巴黎也不例外，各個領域的文化人、藝術家、思想家等，聚在咖啡館裡自由討論。這種情況或許就近似於，柏拉圖和亞里斯多德描寫的「觀照的生活」。

咖啡館所培養的，就是所謂的「啟蒙思想」。就如先前提到的，由於之前的文藝復興，大幅動搖了以往擁有絕對價值的基督教世界觀。藉由引進希臘主義帶來的知識和科學，也出現許多新的思想家和技術人員。

尤其是霍布斯和洛克提倡的「自然權利」，無疑更是讓眾人的自我意識覺醒。「啟蒙」的意義，就是散播這項知識使一般人了解，讓大眾能合理判斷關於社會和自然的問題。

另外，從這個環境當中，也誕生了留名青史的新思想家。其中之一就是尚雅克・盧梭（Jean-Jacques Rousseau）。

盧梭於一七六二年發行的代表作《社會契約論》，仍以「自然權利」為出發點，提倡社會契約的重要，其見解卻不同於霍布斯和洛克。霍布斯認為「若是放著人類不管，就會互相殘殺」，洛克則認為「人類會追求財富、競爭」。盧梭則認為，人類原本就有利己和利他之心，假如在類似原始時代的自然環境當中，就可以共存共榮。然而，當社會發展起來，物質變得豐裕，經濟活動活躍之後，就會產生貧富差距，互相競爭和搶奪。換句話說，該追究的不是人類，而是社會。

具體來說，盧梭將個人的私利私慾定義為「特殊意志」，再創造出「一般意志」的概念以供對照。後者可以視為，人類原本擁有的利他理性和公共輿論。國家的責任就是實現這一點，所以會將全體參與的直接民主主義當成理想。

因此，盧梭提倡將每個人的身體和財產交託給國家。乍看之下是隸屬於國家，但由於每個人都參與國政，所以最後就像是將自己交託給自己。藉由以上做法而實現自由、平等的社會，這就是盧梭筆下的國家形貌。

該著作在絕對王權下的法國被視為危險書籍、遭到查禁，盧梭本人則過著逃亡生活，並於一七七八年去世。

法國大革命是在十一年後的一七八九年爆發。波旁王朝的路易十六（Louis XVI）遭到處決後，共和制政權才在法國誕生。同年制定的《人權宣言》（*Declaration of the Rights of Man and of the Citizen*）恰恰反映出自由、平等的精神，主導者就是受到《社會契約論》的啟蒙。

## 《國富論》「看不見的手」，真面目是利己心促成競爭的環境

英國藉由三角貿易和工業革命持續發展經濟，邁向「重商主義」的道路。這種思想將金銀視為原本就具有價值之物，儲存金銀就是國家富裕的象徵。

因此，最重要的是盡量多多出口，賺取外匯，同時極力縮小進口，抑止金銀流出。英國就在這個方針下，將保護貿易當成政策的頂梁柱。比如將東印度公司設為特許公司，讓它獨占與亞洲地區的交易，也是其中的一環。

蘇格蘭出身的經濟學家亞當·斯密則透過《國富論》（一七七六年），對這項政策提出

異議。書中指出，原本所謂的國家富裕，不是指金銀的數量，而是國民的富有程度。換句話說，就是國民可以自由購買消費財。

所以出口就不用說了，最好也要積極進口，這麼一來，貿易就不是由部分企業獨占，而是該撤銷進口限制，讓市場自由競爭。不過，進口急速增加後，國內產業就會受到打擊，因此這種改革該花時間慢慢推行。

這本書還延伸談到殖民地政策。北美大陸和印度都是英國財富的泉源，維持殖民地卻要花防衛費和其他高額的成本，所以最好是特別將北美大陸視為獨立國家，締結同盟。

還有一點要注意的是，雖然《國富論》中「看不見的手」的形容很出名，但這並不是要提倡自由放任及市場萬能主義。亞當．斯密著眼的是勞動中的分工系統。人類從事各式各樣的職業，並在社會和公司扮演各式各樣的角色，這就是分工。這時，人不一定會為了整個社會和整間公司工作。相比之下，為了獲得回報，為了維持自己及家人生活的意念更強。換句話說，許多勞動者在某種意義上是利己的。

不過，要讓利益最大化，就少不了要獲得別人的認同、因應需求。只要每個人依循利己之心，反覆在這方面努力和下工夫，市場就會產生競爭的環境，最後整個社會的產能就會提升，變得富裕。這就是「看不見的手」。

另外，為了實現這一點，國家的職責應該集中在三個大方向，那就是國防、司法及公共事業。雖然從不久前的絕對王權看來恍如隔世，但其用意也不是自由放任。關鍵還是在於阻止部分企業與國家聯手、獨占市場。

無論如何，《國富論》是首次系統化闡述經濟學的書籍。書中廣範圍的提出自由主義經濟和近代國家的理想型態，所以亞當．斯密才被稱為「近代經濟學之父」或是「古典經濟學之父」。

另外，美國從一七七五年與英國展開獨立戰爭，該書發行後約四個月，就通過了《獨立宣言》（*United States Declaration of Independence*）。不過兩國的戰鬥依然持續，連法國、西班牙、荷蘭及其他國家也參戰，規模變得龐大。結果，英國就於一七八三年正式承認美國獨立。

## 《論自由》——「反對的自由」和「保有個性」是社會發展的條件

十九世紀號稱「不列顛治世」（Pax Britannica，英國締造的和平）。英國最早實現工業革命，讓產能飛躍提升，憑藉工業和海軍的力量勝過歐洲各國，保持某種均衡，於是和平就到來了。

另外，工業化的進展，促使保護貿易轉換成自由貿易。因為要從世界各地採購大量的原料，加工變成出口貨，藉此就能獲得財富，於是世界上的物資和財富聚集起來，再擴散到世界，所以當時的英國又號稱「世界工廠」。

這個環境也為英國社會帶來大變化。隨著富有階層增加，中產階級就呈爆炸性成長。這也意味著國民在國家的發言力提高，也就是個人的權利和自由的概念廣為人知。

就像象徵這樣的時代一樣，一八五九年英國哲學家約翰・史都華・彌爾的著作《論自由》發行。彌爾是功利主義的信奉者，但並非單純提倡「追求自己的利益就好」。社會的規範和道德並非由國家強加給國民，而是要以「最大多數人的最大幸福」為前提。

其中有幾個條件，首先是個人有追求「幸福」的自由，其次是不要妨害別人追求「幸福」，再者是所有人都要受到公平和平等的對待。那麼國家和眾人應該怎麼做，才會實現這樣的社會？彌爾在《論自由》中說明如下。

首先，國家的職責是要支持個人追求幸福。具體來說，就是保障言論和行動的自由，除非危害到他人，才要嚴格取締。彌爾主張只要這樣就可以了。

這種觀念的基礎，在於人類的良心與對他人的同理心。一個人只要追求更高層次的幸福，自然也會對他人的幸福有所貢獻，從而最後實現「最大多數人的最大幸福」。這部分的構想與前文出現過的《國富論》非常相似。

不過，彌爾並沒有將所有的信賴放在人類的良心。他也談到該防範「多數專制」，就和防範濫用國家權力一樣。仗著數量優勢、打壓少數的態度，很可能危害他人，「眾愚政治」

就是其典型。理由和以前亞里斯多德在《政治學》中，所解釋的民主制的危險一樣。

相對的，該書再三強調要守護「反對的自由」和「個性」。多數人的意見不一定正確，反而有時正因為是多數，才會未經深思熟慮就提出看法或魯莽行事。所以要記得交換多樣化的意見，反覆討論。假如因此推翻結論或變得更經得起考驗，就會達到「最大多數人的最大幸福」。

就這層意義上來說，每個人盡量保有個性，會比較理想。低工資的勞動者和女性的立場也必須受到尊重。越是容許眾人的意見，這個社會就就越有發展，所以從個人的觀點和社會的觀點上來說，「自由」都很重要。

順帶一提，在十九世紀後半，美國和德國藉由工業化崛起，英國「世界工廠」的地位沒落，取而代之的是以金融資本為武器，鞏固作為「世界金融中心」的地位。

## 《共產黨宣言》——識破資本主義富者越富、貧者越貧的本質

十九世紀前半的歐洲，在政治方面掀起對十八世紀的反動。象徵這一點的，便是一八一四年至一八一五年召開的「維也納會議」。

法國大革命後，歐洲各國因為拿破崙的進攻，面臨封建體制和絕對王權存續的危機。然

而拿破崙在一八一三年垮臺後，從翌年起各國政要就聚集在維也納，相約復辟舊體制並締結同盟關係。當時協議的體制，就稱為「維也納體制」。

不過在一八四八年，以法國巴黎市民發難的「二月革命」為起點，德國、奧地利、義大利等國家陸續發生反體制運動，於是從前的政權被推翻，「維也納體制」也崩潰了。

這時眾多國民的不滿並非只朝向政治體制。工業化和資本主義浸透到社會中，使得資產家崛起，同時有許多就業人口從農業轉移到礦工業。人口集中到都市區，其中也有許多勞動者在惡劣的環境下從事低工資、長時間的勞動。換句話說，資產階級（布爾喬亞）和勞動階級（無產階級）之間產生巨大的社經差距，這就是不滿的溫床。

那麼，該怎麼消除這種社經差距？其中一個答案就是共產主義的思想。簡言之，只要將資產階級獨占的資本，由全體共享和分配，就會實現公平的社會。古代柏拉圖的《理想國》就記載了其原型。

德國思想家卡爾·馬克思和弗里德里希·恩格斯，為這個思想建立理論體系。一八四七年，倫敦成立祕密結社「共產主義者同盟」，邀請兩人起草綱領。翌年一八四八年二月，正好在法國「二月革命」的同一時期，《共產黨宣言》便發行了（不過當初沒有署名）。

全書由四章組成，第一章以知名的「一切社會的歷史都是階級鬥爭的歷史」一語起頭。的確，在以前古希臘和古羅馬時代，就有自由人和奴隸的階級差異，爾後的封建制時代則有領主和農奴。而在工業革命後的歐洲，則存在著資產階級和勞動階級的階級差異。前者擁有資本和產業設備，後者則沒有。

資產階級當然會追求利益極大化，再說，只要盡量以低價雇用更多勞動者、增進生產就行了。假如拿獲得的利益再雇用勞動者，循環下去，利益就會如滾雪球般越來越大。另一方面，勞動者只能販賣自己的勞動力，所以社經差距會逐漸擴大。

要斬斷這個循環，就要破壞資本主義結構本身。現狀是勞動者的工資沒有增加，數量卻增加了，所以只要勞動者團結起來、發動革命，打倒資產家，資本就會變成所有人的共有財產。換句話說，就是能結束階級鬥爭。所以該書的末尾，才會以「全世界的無產者，聯合起來」的口號作結。

這本書無疑為當時歐洲各國發生的反體制運動提供力量，不過所有抗爭都遭到軍隊鎮壓而平息。即使如此，共產主義思想也依然存續，藉由一九一七年的「俄國革命」和之後蘇聯的誕生化為現實。

## 《物種起源》——博雅教育也是物競天擇的結果

哥倫比亞大學的博雅教育課程中，最後要閱讀的是英國地質學家查爾斯·達爾文，於一八五九年所著的《物種起源》，該書是解釋「演化論」的知名大作。

目前為止討論的重心，都是放在政治、經濟、哲學和宗教等與社會相關的書籍，最後卻突然出現自然科學中的生物學，或許會顯得奇怪，不過這是有理由的。

就如《共產黨宣言》所言，人類的歷史就是階級鬥爭的歷史。從生物學的觀點來看，那就是生存競爭、自然淘汰，反覆發生的必要變異。人類說起來也是生物的物種，這些亦可說是宿命。

那麼，從演化論的觀點看人類時，該怎麼解釋目前學過的博雅教育？課程中會提出這一點，作為最後的課題。

博雅教育，是以發源於古希臘的希臘主義為基礎。從古代以來持續重複上演大大小小的「爭鬥」，同時人類注意到柏拉圖提倡的「理性」，和亞里斯多德提倡的「習慣」，陸續發明哲學、宗教、藝術及科學，這提升了人性，讓社會發展起來。

於是，就浮現了一個疑問：理性也好，習慣也好，後來的哲學和其他發明也好，人類為什麼可以獲得這些能力？因為人類是被神選上的「優等生物」嗎？達爾文全盤否定這一點。

根據《舊約聖經》的〈創世記〉，神花七天創造世界。第一天造出天和地，第二天造出天空，第三天造出大地、海洋及植物，第四天造出太陽、月亮及星星，第五天造出魚和鳥，而第六天則造出野獸和家畜，造出外表像神的人類。第七天就休息。

達爾文說明，這段描述並非實指七天，而是在無限時間的流動當中，進行的生存競爭和自然選擇。生物即使同種，也會因為變異而有無數的個體差異。部分變異會從父母遺傳給兒女，但有的適合環境，有的不適合。最後只有前者生存和繁殖，後者遭到淘汰。地球上的生物就是重複以上過程，直至今日。

比如該書就有以下的描述：

「據我想像，這樣說法最能讓人滿意。也就是，不把本能看作是被特別賦予給個體的，如一隻小杜鵑把其他鳥類的雛鳥逐出巢外，螞蟻養奴隸，姬蜂科（ichneumonidæ）幼蟲寄生在活的毛蟲體內；而把它看作是引導一切生物進化的一般法則的小小結果——繁殖、變異、讓最強者生存、最弱者死亡。」（《物種起源》，岩波文庫）

這麼看來，人類也只不過是在無數的生存競爭，和自然選擇後存活至今。關鍵並非「自己做了正確的選擇」，而是「從做出多樣選擇的物種當中，偶然留下適合每個時期、環境的物種，進化為人類」。

假如追溯人類有史以來的歷史，就會發現戰爭和階級鬥爭的生存競爭重複上演。或許無數的人們以此為教訓，摸索適應之道，再記錄下更好的生存智慧，那就是哲學、宗教、藝術及科學等發明。

這些發明多半遭到了淘汰，不過其中也有適合每個時代的社會，看似揭示真理，於是就留存到後世，那就是目前為止談到的博雅教育，所以才會將其稱為「人類智慧的結晶」。

柏拉圖、亞里斯多德和其他各種寫作者與創作者，無疑都是大智者。不過在當時的背景下，應該也會有無數遭到淘汰的寫作者和創作者。正因為從多樣性當中選擇，博雅教育才有價值。另外，為了未來的博雅教育，少不了要確保社會上的多樣性，從《物種起源》中也可以接收到這樣的訊息。

終章

# 哥倫比亞大學學生必修的核心課程

美國為了登上世界政治的中心，需要確立應有的立國理念與哲學，因此，陸軍便要求哥倫比亞大學開發士官的教育課程，這套課程便是美式博雅教育的起源。

始於一九一四年的第一次世界大戰，呈兩大陣營對立的態勢，一邊是神聖羅馬帝國崩潰後的德國、奧匈帝國、鄂圖曼帝國、保加利亞等維持舊秩序的國家，另一邊則是西歐各國，以歷經大航海時代、大肆崛起的英國和法國為中心。

一九一七年形勢大幅傾斜。由於美國參戰，使得西歐各國方獲得勝利。世界秩序就以此為契機，由西歐各國主導，再大幅刷新為由美國主導。與此同時，長期居於世界中心的地中海，其地位也讓給位於美國兩岸的太平洋和大西洋。

## 第一次世界大戰後，美國決意登上世界中心，開發博雅教育

其實，同年美國還發生了一個完全不起眼的大變化，那就是在大學開發美式博雅教育。這件事並非與第一次世界大戰無關。美國參戰之際，陸軍就要求哥倫比亞大學，開發陸軍士官的教育課程。美國自建國以來，就與歐洲保持一定的距離，堅持孤立主義。然而，參加大戰就意味著撤回這項方針，登上世界政治的中心。既然如此，就需要確立美國應有的立國理念和哲學，向世界證明其真正的價值，所以教育就是當務之急。

結果就出現了以「war issues」（戰時問題，為作者意譯，以下同）聞名的教育課程。另外在一九一九年，受到戰爭結束影響，也出現了「和平問題」（peace issues）的課程。後

來這就整合到「當代文明」（Contemporary Civilization）的課程中。

而在翌年一九二〇年，完全不用注釋本、讓學生閱讀古籍英譯原文的教學方式也開跑了。當然，這不只是單純站在古籍觀點來解讀，學生要以每星期一本的速度閱讀古籍，與指導教授面談，課程才算完成一輪。不過說起來，即使是哥倫比亞大學的學生當中，也只有少數精挑細選的菁英，才能上到這門課，後來這就發展成「文學人文」（Literature Humanities）的課程。接著，就以這兩種課程為出發點，建立號稱「美式博雅教育」的教育系統。

## 校長迪恩・霍克斯的貢獻

有一號人物，堪稱是這些博雅教育課程的「生父」，他就是當時哥倫比亞大學的校長赫伯特・E・霍克斯（Herbert E. Hawkes），通稱迪恩・霍克斯（Dean Hawks）。迪恩（Dean）指的是院長。哥倫比亞大學是由多個獨立組織組成的綜合大學，包括大學本科教育的學院，和商學院、醫學院、法學院、國際政策這些專門研究所等。每個組織的龍頭稱為院長。雖然霍克斯是大學本科的學院院長，但以日本的情況來說，則近似於校長。

霍克斯原本是數學老師，卻熱心於通識教育（general education），從一九一八年上任，到一九四三年因過世而卸任的二十五年來，一心為核心課程竭盡全力。然而，這項方針並非從一開始就受歡迎。

大學自從十二世紀左右，在義大利以教師公會的名義發起以來，就有教師主導管理的傳統。另外，教師本人往往更關心自己的專業領域，甚於廣泛的素養。還有，與其閱讀古籍和歷史，大學內外也有聲音，期待教育要配合現代時事及求職實用性，所以不難想像輕視通識的意見占了多數。

即使如此，霍克斯還是將熱情傾注於普及上，結果在不知不覺間，別說是遭到輕視，反而還以「博雅教育」的名義，昇華為大學的核心課程。另外，同樣的教育也影響到其他各所大學。於是就以這份功績，取「代表全美的迪恩（院長）」之意，稱他為迪恩．霍克斯。

## 博雅教育誕生後的一百年

此後經過了一百年，現在即使在全美，哥倫比亞大學的博雅教育，也被視為最高權威。當然，課程會隨著時代慢慢修正或變更，不過前文出現的「當代文明」和「文學人文」兩科仍然是核心課程，這些是所有學生的必修科目。

還有，藝術人文（Art Humanities）、音樂人文（Music Humanities）、前瞻科學（Frontiers of Science）及大學寫作（University Writing）四科，也包含在核心課程內。換句話說，哲學要連同美術、音樂、科學及寫作方法一起同時學習。

當然，上述課程的目的，都不是單純修習知識。首先，研究的範圍包含知識的架構和機制、誕生的背景、與社會的關係，以及帶給人類的影響。而且還要記得藉此建立價值標準的基礎，判斷我們生活中的「美善」或「德性」是什麼。

另外還有稱為準核心課程的必修科目群，由必修科學科目（Science Requirement）、必修國際核心科目（Global Core Requirement）、必修外文科目（Foreign Language Requirement）及必修體育科目（Physical Education Requirement）這四個領域組成，個個都是龐大的科目。

教學內容會配合時代而改變。我在本次執筆之際，查詢過最新的課程。「必修國際核心科目」的科目群，在我求學的一九八〇年代後半並非必修。當時美國正逢對外強迫日本消除對外的貿易失衡，而美國國內藉由惡意併購、獲得巨額財富的人則囂張跋扈。另外，與伊斯蘭世界展開長期的對立，也是從這不久後開始。

猶記得當時眾愚的光景，讓人想起《伯羅奔尼撒戰爭史》中，描寫的勢力衰微的雅典。所以在冷靜凝視時代方面，這種課程也讓人感受到價值。

順帶一提，哥倫比亞大學的網站（https://www.columbia.edu/）上，對於「必修國際核心科目」的說明記述如下：

「這項科目會要求學生接觸各式各樣的民族和傳統文化，學習非洲、亞洲、北美原住民、南美及中近東等多采多姿的文化和歷史。

「這項科目可分類為兩種。一種是深刻了解包含美國和歐洲在內，特定地區的歷史背景和文明文化的組成。另一種則是選定主題與分析手法，從文化比較的觀點，廣泛了解其他文化。要滿足必修條件，就要從這兩種類型中選擇兩個科目修完。」（作者摘要）

或許是鑑於美國在世界的動向，以及世界對美國投以冷徹的視線，才會加進必修領域中。身為同大學的校友，實在感到自豪。

## 凝望〈雅典學院〉

在此再重申一次，本書介紹的，只是哥倫比亞大學博雅教育的一小部分。該大學的學生為了獲得畢業證書，就必須閱讀更多關於哲學、宗教、藝術、科學的龐大文獻。

即使如此，我也有自信能傳達博雅教育的精髓，所以請各位務必回想在第四章介紹十六世紀初、由拉斐爾所畫的〈雅典學院〉。假如各位可以因為本書而改變觀念，這才是重大的成果。因為那幅巨大的壁畫本身，就象徵著博雅教育。

博雅教育無法輕易以一句話來形容，因為是要去了解人類耗費漫長時間，所建立的若干智慧結晶，甚至要詳細了解其架構和機制，所以既會涉及歷史，也包含宗教、藝術和科學。博雅教育如此多樣而複雜，如果要用一張畫表現的話，就是〈雅典學院〉。

就如前面所言，圖中所畫的人物光是知名者，就有二十一位各個領域的專家，包括數學家、幾何學家、自然科學家、畫家、政治家、醫生、軍人、歷史學家及詩人等。博雅教育並不是學習他們每個人的專業領域，包含構圖在內的整體形貌和世界觀，才是十六世紀出頭時的博雅教育。位於中心的柏拉圖和亞里斯多德，就強而有力的說明了這一點。

假如能以這樣的想法凝望〈雅典學院〉，或許就姑且稱得上是站在博雅教育的入口了。我到目前為止，以學生和社會人士的身分，學習過各種領域的知識。其中特別迷人，且讓我實際感受到化為自身血肉的，就是在哥倫比亞大學學到的博雅教育。假如本書能夠傳達出一部分有趣之處，身為作者的我，將會感到無比的喜悅。

另外，這本書是我在任職的大學，放學術休假期間撰寫的，當時列出的研究目的是「國際商務的基礎教養」，乍看之下和博雅教育沒有關係。

不過，柏拉圖說：「邪惡的心靈喚來鬥爭，善良的心靈喚來友愛。」亞里斯多德則說：「改善人類的心靈，是教育和政治原本的目的。」換言之，「美善心靈」正是一切的基礎。

無論是激烈的國際政治和國際商務的場合，或是近來新冠肺炎疫情一類的危機場面，都更加考驗每個人「美善心靈」的真正價值吧？

# 後記

我想將正宗的博雅教育傳到日本，雖然想了很久，直到實際動筆為止的門檻卻非常高。畢竟分量就是這麼多。本書介紹的是刊載在大學課程綱要的部分讀物清單。文末節錄刊載在二〇一九年秋季至二〇二〇年春季課程綱要的內容，作為後記，僅供參考（編按：請參照第二九九頁至三〇三頁）。

為了讓各位更有臨場感，這裡特地刊載原文。雖然不得已省略包含在核心課程內的「大學寫作」（University Writing），以及準核心課程的必修科學科目（Science Requirement）、必修國際核心科目（Global Core Requirement）、必修外文科目（Foreign Language Requirement）、必修體育科目（Physical Education Requirement）這四個領域，卻足以傳達其宗旨。

「博雅教育」簡單一個詞，卻是囊括以上所有的概念。就算想要傳授這些內容，衡量傳授的方法時，也會一籌莫展。

我從實務領域轉行，現在擔任大學的老師，原本負責國際商務領域的教學，為了將自己在哥倫比亞大學的經驗傳授給年輕學子，所以會**教授為期幾年的博雅教育，當作商學的基礎素養**。課程設計則是以輪流朗讀的研討會形式，與相對少數的學生一起解讀主要讀物。為此付出我全部心力。

正好任職的大學放學術休假，讓我有機會將許多時間花在這上面。邁向出版的路上並非坦途，要不是島田榮昭先生，將我拙劣的草稿和講課記錄，修改成以讀物而言完成度十分出色的作品，本書就不可能問世。東洋經濟新報社出版局、編輯第一部部長岡田光司先生，以編輯身分協助所有的企劃和製作層面。這正是一本以「團隊」形式完成的作品。

博雅教育就像籠罩著神祕的面紗一樣，各種臆測也讓事情更複雜。期盼能夠藉由這次出版的機會，提供微薄貢獻，將其真面目揭露在陽光之下。如果能獲得更多讀者的同感，我也會感到無比的喜悅。

## 2019年秋季至2020年春季課程綱要

### Core #1—文學人文（Literature Humanities）

以荷馬、希羅多德和但丁等人為中心的西洋文學和哲學作品。

- 荷馬（Homer），《伊里亞德》（*Iliad*）（Chicago, trs. Lat timore）
- 莎孚（Sappho），《如果不是，就在冬天：莎孚詩集片段》（*If Not, Winter: Fragments of Sappho*）（Vintage, trs. Carson）
- 荷馬，《奧德賽》（*Odyssey*）（Norton, trs. Emily Wilson）
- 《新牛津註解聖經附次經》（*New Oxford Annotated Bible with Apocrypha*）
- 希羅多德（Herodotus），《歷史》（*The Histories*）（Oxford, trs. Waterfield）
- 埃斯庫羅斯（Aeschylus），《奧瑞斯提亞》（*Oresteia*）（Aeschylus II, Chicago, trs. Lattimore）
- 索福克里斯（Sophocles），《安蒂岡妮》（*Antigone*）（Sophocles I, Chicago, trs. Lattimore）
- 當代核心：蘇珊・洛瑞・帕克斯（CONTEMPORARY CORE: Parks,）《父親從戰爭中歸來》（*Father Comes Home from the Wars*）（Theater Communications Group）
- 柏拉圖（Plato），《會飲篇》（*Symposium*）（Hackett, trs. Nehamas, Woodruff）
- 維吉爾（Virgil），《伊尼亞斯記》（*Aeneid*）（Bantam, trs. Mandelbaum）
- 奧維德（Ovid），《變形記》（*Metamorphoses*）（Penguin, trs. Raeburn）
- 奧斯定（Augustine），《懺悔錄》（*Confessions*）（Modern Library, trs. Ruden）
- 但丁（Dante），《地獄》（*Inferno*）（Bantam, trs. Mandelba-um）
- 蒙田（Montaigne），《隨筆集》（*Essays*）（Penguin, trs. Cohen）
- 莎士比亞（Shakespeare），《馬克白》（*Macbeth*）（Oxford）
- 塞凡提斯（Cervantes），《唐吉訶德》（*Don Quixote*）（Harper Collins, trs. Grossman）
- 米爾頓（Milton），《失樂園》（*Paradise Lost*）（Modern Li-brary）
- 奧斯汀（Austen），《傲慢與偏見》（*Pride and Prejudice*）（Oxford）

- 杜斯妥也夫斯基（Dostoevsky），《罪與罰》（*Crime and Punishment*）（Vintage, trs. Volokhonsky, Pevear）
- 伍爾夫（Woolf），《到燈塔去》（*To the Lighthouse*）（Harcourt）
- 摩里森（Morrison），《所羅門之歌》（*Song of Solomon*）（Vintage）

**Core #2—當代文明（Contemporary Civilization）**

從希臘哲學到宗教及科學思想，包含柏拉圖、亞里斯多德、奧斯定、笛卡兒等人。

- 柏拉圖（Plato），《理想國》（*Republic*）（Hackett）
- 亞里斯多德（Aristotle），《尼各馬可倫理學》（*Nicomachean Ethics*）（Oxford, trs. Ross, Brown）
- 亞里斯多德，《政治學》（*Politics*）（Hackett）
- 《新牛津註解聖經附偽經》（*New Oxford Annotated Bible with Apocrypha*）
- 奧斯定（Augustine），《天主之城》（*City of God*）（Penguin）
- 《古蘭經》（*The Qur'an*），Abdel Haleem, ed.（Oxford）
- 馬基維利（Machiavelli），《君王論》（*The Prince*）（Hackett）OR
- 馬基維利，《論道集》（*The Discourses*）（Penguin）
- 笛卡兒（Descartes），《談談方法》（*Discourse on Method*）（Richer Resources Publications）OR
- 笛卡兒，《沉思錄》（*Meditations on First Philosophy*）（Broadview Press）
- 霍布斯（Hobbes），《利維坦》（*Leviathan*）（Oxford）
- 洛克（Locke），《政治著作》（*Political Writings*）, Wootton, ed.（Hackett）
- 盧梭（Rousseau），《基礎政治著作》（*The Basic Political Writings*）（Hackett）
- 康德（Kant），《道德形上學基礎》（*Groundwork of the Metaphysics of Morals*）（Cambridge）
- 斯密（Smith），《國富論》（*The Wealth of Nations*）（Modern Library）
- 柏克（Burke），《法國大革命反思》（*Reflections on the Revolution in France*）（Oxford）

- 沃斯通克拉夫特（Wollstonecraft），《為女權辯護》（*A Vindication of the Rights of Woman*）（Oxford）
- 托克維爾（Tocqueville），《民主在美國》（*Democracy in America*）（Penguin）
- 彌爾（Mill），《論自由、效益主義與其他文章》（*On Liberty, Utilitarianism, and Other Essays*）（Oxford）
- 《馬克思、恩格斯讀本》（*The Marx-Engels Reader*）（Norton）
- 達爾文（Darwin），《達爾文（諾頓評論版）》（*Darwin -Norton Critical Edition*）（Norton）
- 尼采（Nietzsche），《論道德系譜學》、《瞧，這個人！》（*On the Genealogy of Morals / Ecce Homo*）（Vintage）
- 杜博依斯（Du Bois），《黑人的靈魂》（*The Souls of Black Folk*）（Norton）
- 鄂蘭（Arendt），《極權主義的起源》（*The Origins of Totalitarianism*）（Harvest）
- 施密特（Schmitt），《政治的概念》（*The Concept of the Political*）（Chicago）
- 法農（Fanon），《地球上的苦難者》（*The Wretched of the Earth*）（Grove）
- 傅柯（Foucault），《監視與懲罰》（*Discipline and Punish*）（Vintage）
- 派翠西亞・J・威廉斯（Patricia J. Williams），《看見一個沒有顏色之分的未來》（*Seeing a Color-Blind Future*）（Farrar, Strauss, and Giroux）

**Core #3—藝術人文（Art Humanities）**

從帕德嫩神廟到畢卡索的藝術作品。

- 帕德嫩神廟（the Parthenon）
- 亞眠主教座堂（Amiens Cathedral）
- 拉斐爾（Raphael）
- 米開朗基羅（Michelangelo）
- 布勒哲爾（Bruegel）
- 貝尼尼（Bernini）
- 林布蘭（Rembrandt）

- 哥雅（Goya）
- 莫內（Monet）
- 畢卡索（Picasso）
- 萊特（Wright）
- 勒・柯比意（Le Corbusier）
- 美國畫家波洛克（Pollock）
- 安迪・沃荷（Warhol）

學習西洋美術之後，也要學習其他文明的藝術，作為進階課程。

- 亞洲藝術人文：中國、日本、韓國藝術（Asian Art Humanities: Art in China, Japan, and Korea）
- 印度藝術與建築名作（Masterpieces of Indian art and archite-cture）
- 伊斯蘭藝術與建築名作（Masterpieces of Islamic art and archit-ecture）

**Core #4—音樂人文（Music Humanities）**

從古希臘、中世紀西洋、文藝復興、巴洛克、古典派、浪漫派到近代音樂，包含格列哥里聖詠（Gregorian chant）、韋瓦第（Vivaldi）、巴赫（Bach）、海頓（Haydn）、莫札特（Mozart）、貝多芬（Beethoven）、孟德爾頌（Mendelssohn）、華格納（Wagner）、威爾第（Verdi）等樂曲。

the Middle Ages to the present, examining the choices and assumptions of composers, their patrons, audiences, and performers, and exploring what we can and can't know about how music of the past may have sounded.

（探討從中世紀至今，作曲家的選擇和假設、他們的資助者、聽眾和演奏者，並針對過去的音樂聽起來如何，研究我們可以和不可以了解什麼。）

**Core #5—前瞻科學（Frontiers of Science）**

學習心智科學與腦科學（mind and brain）、天體物理學（astrophysics）、生物多樣性（biodiversity）、地球科學（Earth science）這四個領域，體驗科學家面對什麼樣的問題和找出解答。

The topics covered as part of the four units of the course - mind and brain, astrophysics, biodiversity, and Earth science - have been chosen to ignite the students' interest in science. As we explore the frontiers of these four scientific fields, we consider the nature of reality through the lenses of neuroscience and physics, and the processes that underlie the development of life on our planet through the lenses of biodiversity and Earth science. All four units provide opportunities to consider the role science plays in society and to put the question of who we are as humans, individually and collectively, into a scientific context.

（包含在課程四單元〔心智科學與腦科學、天體物理學、生物多樣性、地球科學〕內的主題，用於激發學生對科學的興趣。當我們探索前述四個科學範疇的新領域時，我們透過神經科學和物理學的視角，來思考現實的本質；以及透過生物多樣性和地球科學的視角，來思考構成生命發展基礎的過程。該四主題讓我們有機會思考科學在社會扮演的角色，並把「無論個人或群體，作為人類，我們是誰」此一疑問，置入科學背景。）

Think 231

# 真希望我20歲時修過這堂課

## 哥倫比亞大學博雅課。財富和名望之前，你該有的準備

作　　者／中村聰一
譯　　者／李友君
校對編輯／張祐唐
美術編輯／林彥君
副 主 編／劉宗德
副總編輯／顏惠君
總 編 輯／吳依瑋
發 行 人／徐仲秋
會計助理／李秀娟
會　　計／許鳳雪
版權經理／郝麗珍
行銷企劃／徐千晴
業務助理／李秀蕙
業務專員／馬絮盈、留婉茹
業務經理／林裕安
總 經 理／陳絜吾

國家圖書館出版品預行編目（CIP）資料

真希望我 20 歲時修過這堂課：哥倫比亞大學博雅課。
財富和名望之前，你該有的準備 / 中村聰一著；李友君譯.
-- 初版 . -- 臺北市：大是文化有限公司 , 2022.05
304 面；17 × 23 公分 . --（Think ; 231）
譯自：教養としてのギリシャ・ローマ
ISBN 978-626-7041-97-0（平裝）

1. CST：通才教育　2. CST：古希臘哲學
3. CST：高等教育　4. CST：美國

520.952　　111000937

出 版 者／大是文化有限公司
臺北市 100 衡陽路 7 號 8 樓
編輯部電話：（02）2375-7911
購書相關資訊請洽：（02）2375-7911 分機122
24小時讀者服務傳真：（02）2375-6999
讀者服務E-mail：haom@ms28.hinet.net
郵政劃撥帳號 19983366　戶名／大是文化有限公司

法律顧問／永然聯合法律事務所
香港發行／豐達出版發行有限公司 Rich Publishing & Distribution Ltd
地址：香港柴灣永泰道70 號柴灣工業城第2 期1805 室
Unit 1805,Ph .2,Chai Wan Ind City,70 Wing Tai Rd,Chai Wan,Hong Kong
Tel：2172-6513　Fax：2172-4355
E-mail：cary@subseasy.com.hk

封面設計／林雯瑛
內頁排版／陳相蓉
印　　刷／緯峰印刷股份有限公司
出版日期／2022 年 5 月初版
定　　價／新臺幣 420 元
I S B N／978-626-7041-97-0（平裝）
電子書ISBN／9786267123089（PDF）
9786267123096（EPUB）



Printed in Taiwan